L'Anarchie Judiciaire EN ALGÉRIE

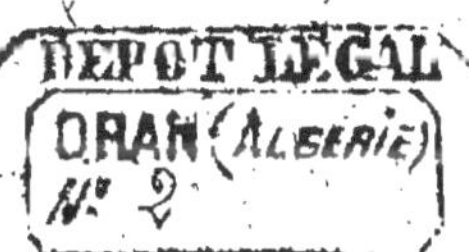

PAR

E. BARIAT

Ancien Vice-Président du Tribunal d'Oran

SOMMAIRE

Prix : 1 franc

ORAN

IMPRIMERIE D. HEINTZ

9, Boulevard Malakoff, 9

1894

L'ANARCHIE JUDICIAIRE

EN ALGÉRIE

L'Anarchie Judiciaire

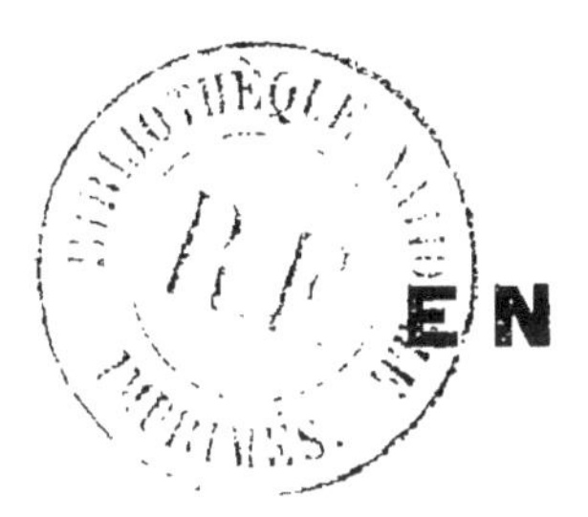

EN ALGÉRIE

PAR

E. BARIAT

Ancien Vice-Président du Tribunal d'Oran

ORAN

IMPRIMERIE D. HEINTZ

9, Boulevard Malakoff, 9

1894

L'Anarchie Judiciaire

EN ALGÉRIE

PAR

E. BARIAT

Ancien Vice-Président du Tribunal d'Oran

ORAN

IMPRIMERIE D. HEINTZ

9, Boulevard Malakoff, 9

1894

PRÉFACE

Rendu, jeune encore, à la vie privée, après dix-neuf années de services judiciaires en Algérie, je n'ai pas trouvé, pour occuper les loisirs que je dois aux dieux... du jour, de distraction plus utile que de consigner, dans une petite brochure à la portée de tous, le récit de la lutte que j'ai dû soutenir pendant près de deux ans comme vice-président du tribunal d'Oran et qui m'a conduit, le 20 août 1893, sur un champ de bataille auquel mon passé ne m'avait nullement préparé, mais où, de l'avis des adversaires eux-mêmes, lesquels connaissent mieux que personne le prix de leur victoire, je n'ai pas fait néanmoins trop mauvaise contenance.

J'ai pensé qu'il serait peut-être intéressant pour le public de connaître certaines phases ignorées de la campagne faite contre un magistrat, à la suite de ce jugement rendu sous ma présidence par le tribunal correctionnel d'Oran, le 24 octobre 1891, et qui m'a valu la disgrâce devant laquelle j'ai refusé de courber la tête.

Je prie toutefois ceux qui me feront l'honneur de lire cette histoire de ne pas chercher, dans les quelques pages dont elle se compose, une œuvre de style ou de littérature.

Je ne suis pas écrivain et n'ai aucune prétention littéraire.

Je me borne simplement à raconter des faits qui méritent, je crois, d'être portés devant le tribunal de l'opinion publique, le seul auquel je puisse avoir recours aujourd'hui.

Mes lecteurs tireront certainement de ces faits la conclusion que le titre de mon opuscule était parfaitement justifié et que, sous un régime où l'on fait *sauter* les magistrats qui déplaisent, c'est en effet *l'anarchie* judiciaire ou administrative qui règne en attendant que ce soit le tour de *l'autre...*, à moins que d'ici là le gouvernement énergique et honnête, qu'appellent de leurs vœux tous les bons Français, ne vienne nous débarrasser de ces germes malfaisants éclos dans la démoralisation actuelle, mais en se décidant à supprimer la cause en même temps que les effets du mal dont nous sommes atteints.

C'est la grâce que je souhaite à mon pays.

Oran, le 15 juillet 1894.

L'Auteur.

L'ANARCHIE JUDICIAIRE
EN ALGÉRIE

I

Un procès municipal à Oran et un tribunal entre l'enclume et le marteau

Qui m'expliquera par suite de quelle aberration un homme qu'on disait intelligent et qui avait, pendant deux années consécutives, mené contre le maire d'Oran une campagne de presse ininterrompue, a eu tout à coup l'idée funeste d'abandonner un terrain sur lequel il paraissait s'être impunément cantonné pour aller se jeter tête baissée dans le danger de la dénonciation judiciaire ?

Cet homme, déjà poursuivi à raison de son entreprise de la petite voirie, n'avait-il donc échappé autrefois au *Carybde* de la Cour d'assises que pour venir tomber dans le *Scylla* de la police correctionnelle, et le *quos vult perdere Jupiter dementat* l'avait-il poussé, malgré lui, dans des voies où il devait rencontrer sa fin, après avoir accompli son œuvre de... destruction ?

Qui me dira également comment il se fait que celui qui représentait alors à Oran l'action publique n'ait pas songé, ne fût-ce que dans l'intérêt de collègues privés de l'inamovibilité protectrice, à arrêter le dénonciateur sur la pente fatale, en lui représentant tous les périls qu'il allait courir et faire courir à d'autres, s'il persistait dans sa dénonciation..... et le *non-lieu* possible en faveur du maire..... et la plainte de ce dernier en dénonciation calomnieuse... la poursuite probable par le ministère public... et, pour couronner le tout, les malheureux juges correctionnels placés entre l'enclume et le marteau ?

Mektoub ! C'était écrit ! comme disent les Arabes.

Telles sont les circonstances dans lesquelles le tribunal que je présidais eut, au mois d'octobre 1891, à connaître d'une affaire délicate entre toutes, puisqu'il s'agissait de l'administration du maire d'Oran.

Cette affaire avait été appelée pour la première fois à l'audience du 18 juillet et elle n'était pas sans causer à ceux qui avaient le très peu enviable honneur de la juger, d'assez sérieuses préoccupations qu'expliquait la situation personnelle des parties en cause : d'une part, un journaliste aussi entreprenant qu'entrepreneur ; de l'autre, un fonctionnaire de la République, qui passait pour l'ami et le protégé de la représentation politique oranaise, laquelle, comme chacun le sait, dispose de tout dans le département, et tient par suite dans ses mains puissantes le sort de la magistrature locale.

Aussi comprendra-t-on que nous ayons cherché à éloigner un peu ce calice de nos lèvres, en renvoyant la cause, après vacations, au 17 octobre suivant.

« D'ici là », avait dit un de nos collègues qui, en sa qualité d'ancien professeur de l'Université, possédait à fond ses auteurs et trouvait le moyen d'adapter à chaque cas litigieux une citation classique :

» Le roi, l'âne ou moi, nous mourrons. »

Mais le 17 octobre vint et aucune des éventualités ci-dessus ne s'était produite.

Il nous fallut donc boire la coupe d'amertume, et, dans ces conditions, ce qui devait inévitablement arriver, arriva.

Le jugement rendu le 24 octobre sous ma présidence, et qui acquittait l'accusateur du maire, excita naturellement les colères de ce dernier et de ses amis.

Un journal du crû, le *Petit Fanal,* puisqu'il faut l'appeler par son nom, se fit dans la circonstance le porte-voix des imprécations d'un plaignant malheureux qui, certes, avait le droit de maudire ses juges, mais eut le tort de dépasser par trop largement le délai de vingt-quatre heures accordé à cet effet par l'usage.

Les magistrats correctionnels étaient traités de *justiciards, haineux, venimeux, enfiellés, vipérins,* de *cléricaux,* de *réactionnaires,* etc., etc., et on appelait sur leur tête toutes les foudres du garde des sceaux.

Il est bon de faire observer en passant que si ces mêmes *justiciards* avaient jugé en sens contraire et condamné au lieu d'absoudre, ils auraient très probablement reçu du bord opposé le même bouquet..... d'épithètes, auxquelles on n'eût pas manqué d'ajouter celle de *vendus,* étant donné que des personnalités politiques très influentes avaient, disait-on, épousé la cause du maire et désiraient la condamnation de son dénonciateur.

Cependant, le *Petit Fanal,* à l'entendre, ne critiquait pas l'acquittement du prévenu : il comprenait que, la commune devant de l'argent à G....., ce dernier ait été absous.

Ce qu'il reprochait aux juges, c'était d'avoir rédigé leur *sentence* d'une *façon jésuitique,* de manière à consacrer des accusations portées contre le maire et dont la fausseté avait été *légalement* reconnue par les décisions de *non-lieu* de l'autorité administrative et du juge d'instruction.

D'après lui, le tribunal pouvait renvoyer G..... des fins de la plainte, mais en même temps il aurait dû couvrir de fleurs le plaignant.

Il est fâcheux, assurément, que les juges n'aient pas pensé, en cette occurrence, à allumer leur lanterne aux lumières du... *Petit Fanal*, mais est-il bien sûr que, sous les fleurs dont on l'aurait couvert, le plaignant n'ait pas senti quand même l'aspic *haineux, enfiellé, vipérin, réactionnaire* et *clérical?*

Cet aspic, en effet, n'était-il pas pour lui l'acquittement du prévenu, et l'avocat du maire n'avait-il pas, dans une émouvante péroraison, souligné à l'avance la portée que selon lui devait avoir pour son client l'acquittement du dénonciateur ?

Si le *Petit Fanal* avait dit vrai, et si les motifs seuls de la sentence avaient blessé le maire, il faudrait admettre, dans ce cas, que la Cour d'Alger, en réformant, sur l'appel des parties, la décision des premiers juges et en condamnant le dénonciateur à la peine de deux mois de prison et de cinq cents francs d'amende, aurait alloué l'*ultra petita,* comme on dit au Palais, c'est-à-dire, en bon français, qu'elle se serait montrée plus royaliste que le roi, lequel ne lui demandait au fond que... d'adoucir les considérants de la sentence déférée.

Une telle hypothèse n'est évidemment pas acceptable.

Aussi le *Petit Fanal* semblait-il plus sincère lorsque, s'en prenant au *dispositif* lui-même de la sentence, il s'exprimait ainsi dans un article du 3 novembre 1891 :

« On se demande comment deux justiciards sur trois » pris au hasard dans la corporation ont pu constituer » une majorité consentant à signer une pareille vilenie. »

Le même journal, dans son numéro du 31 décembre, nommait cette fois les *deux justiciards,* en rappelant le jugement rendu par MM. Bariat et Cottel.

On s'explique facilement l'intérêt du *Petit Fanal* à présenter la décision du 24 octobre comme étant l'œuvre de deux magistrats seulement.

C'est pourquoi la feuille en question s'était empressée de se faire l'écho d'un bruit qui courait à Oran, où l'on chuchotait que le troisième *justiciard,* M. le suppléant L..., ému par les premières attaques du *Petit Fanal,* était allé trouver un des frères du maire et lui avait dit en confidence que lui, L..., était pour la condamnation du prévenu, mais que ses deux collègues avaient été d'un avis opposé.

Il est vrai que, d'après une seconde rumeur que le *Petit Fanal* s'était bien gardé d'enregistrer, ce qui se conçoit également, le même L... passait pour avoir déclaré à d'autres personnes, celles-là adversaires du plaignant, que la décision avait été au contraire prise à l'unanimité.

Le secret des délibérations m'interdit de faire connaître quelle est celle de ces deux versions qui est la vraie.

D'ailleurs, si j'ai mentionné ce fait, c'est uniquement pour indiquer l'origine du racontar publié par le *Petit Fanal,* car je suis convaincu que le suppléant L... n'a pas été un observateur moins rigide que moi de son serment professionnel, et qu'en lui attribuant l'une ou l'autre des versions dont il s'agit, et surtout les deux à la fois, on a certainement commis envers lui-même une véritable dénonciation calomnieuse.

II

L'art de faire... sauter un magistrat gênant

Dans la campagne de presse que j'ai résumée au chapitre précédent, j'étais moi-même, en ma qualité de président, c'est-à-dire de principal bouc émissaire de la décision qui avait causé le scandale, pris à partie d'une façon toute particulière, et on allait même jusqu'à m'annoncer mon *prochain déplacement*.

Je cite l'entrefilet significatif à cet égard du *Petit Fanal* du 4 novembre 1891 :

« Je reçois de tous côtés des notes sur le vice-président
» du Tribunal et je les publierai peut-être un jour si un
» supplément **d'abattage** (sic) est nécessaire pour
» obtenir son départ, mais une dépêche que je reçois me
» fait croire que la décision est prise en haut lieu et je
» n'ai pas pour habitude de m'acharner sur *un cadavre*. »

Le cadavre a été quelque peu récalcitrant, et il respire même encore, grâces à Dieu, mais la menace, style à part, était sérieuse, ainsi d'ailleurs que l'avenir s'est chargé de le démontrer.

Il était assez difficile toutefois d'arriver à faire couvrir la disgrâce dont on me menaçait, de ce seul motif que j'avais présidé le tribunal dont la décision était désagréable.

Aussi, suivant l'habitude en pareil cas, avait-on fait appel à des moyens accessoires dont l'emploi se résume dans cette formule banale, mais d'une application toujours efficace, que « quand on veut tuer son chien, on le dit enragé. »

En conséquence, parallèlement aux charges à fond de ses premiers Oran contre le jugement du 24 octobre, le *Petit Fanal* avait publié, en deuxième page, des entrefilets où avec un art savant était insinuée à mon encontre une série de noirceurs secondaires qui devaient suppléer à l'insuffisance apparente du grief principal.

Dans un entrefilet du 3 novembre 1891, notamment, le *Petit Fanal*, recourant cette fois à la guerre des petits papiers, promettait à ses lecteurs une *étude prochaine de lettres écrites par moi à deux familles d'Oran pour les décider à confier la rédaction d'un contrat à un notaire qui était mon débiteur*.

La phrase était habilement conçue dans le but de donner à entendre qu'abusant de mes fonctions de vice-président j'aurais, dans un intérêt personnel, exercé une pression sur des justiciables en vue d'un acte déterminé.

Or, il s'agissait en réalité d'une démarche que j'avais faite auprès d'une personne *amie* à l'effet d'obtenir que le contrat de mariage de sa fille, dont *je gérais les biens en qualité d'administrateur testamentaire,* fût rédigé par un notaire de mon choix.

C'était là, par conséquent, une affaire d'ordre purement privé, intime, de famille en quelque sorte, et à laquelle mon caractère de magistrat ne se trouvait en rien mêlé.

A la suite d'une soustraction ou d'un abus de confiance, je ne sais au juste, mes lettres avaient été livrées à des tiers qui les avaient fait photographier et en avaient envoyé des fac-simile photographiques à la Chancellerie et aux chefs de la Cour d'Alger.

Cette affaire a eu pour moi un dénouement que je ferai connaître dans un autre chapitre.

Je me borne pour l'instant à appeler l'attention de mes lecteurs sur le procédé, employé dans la circonstance, pour se défaire d'un magistrat gênant.

A coup sûr, ils se diront comme moi qu'on n'opère pas autrement dans les Abbruzzes ou dans le maquis.

III

La confession d'un électeur. — L'histoire d'un chien anti-clérical. — Un journaliste algérien.

La guerre... au couteau dont je viens de parler était dirigée par un homme qui s'est fait depuis longtemps à Oran la réputation de *tombeur* de la magistrature et de tous les fonctionnaires indépendants de notre province, j'ai nommé le citoyen Bézy, rédacteur en chef du *Petit Fanal* et conseiller général du canton d'Aïn-Temouchent.

Quand je fais un retour sur le passé et que je me reporte à l'année 1875, époque à laquelle je remplissais moi-même les fonctions de juge de paix à Aïn-Temouchent, je suis pris d'un véritable remords.

Cette année-là, le citoyen Bézy se présentait pour la première fois aux élections du Conseil général.

Il avait pour concurrent un homme qui n'était pas le premier venu et qui de plus offrait cet avantage sur un candidat exotique, de posséder des intérêts très sérieux dans le canton.

Mais cet homme avait à nos yeux deux tares politiques.

Il passait pour clérical et avait été conseiller général sous l'Empire.

Voilà où nous en étions alors.

Avec la grande majorité des électeurs, je donnai donc mes préférences au candidat bon teint et je votai pour le citoyen Bézy qui me paraissait tenir dans ses mains le drapeau de la République.

Comme Jules Favre, j'en demande aujourd'hui pardon à Dieu et aux hommes.

J'ai même déjà commencé à expier ma faute, car dans cette dernière période électorale où, me faisant à mon tour candidat, je me suis offert pour la seconde fois aux coups de la presse, sait-on quel est celui qui m'a décoché les traits les plus acérés et qui, trop juste retour des choses d'ici-bas, m'a traité sur tous les tons de réactionnaire et de clérical ?

— C'est précisément le fils de l'ancien concurrent de Bézy à Aïn-Temouchent !

— Et sait-on également dans quel journal ?

— Dans le journal même du citoyen Bézy ! ! !

Depuis, le jeune collaborateur de Bézy au *Petit Fanal* a été pourvu d'un poste des plus lucratifs aux colonies, et je me félicite que le zèle électoral qu'il a déployé contre moi ne lui ait pas été inutile, car de cette façon la réparation que je devais à son père aura été complète.

Le nouvel avocat-conseil du Sénégal ne manquera pas, j'en suis sûr, d'obtenir là-bas les mêmes succès qu'au barreau d'Oran avec ses..... imitations de *Kanouï* faisant son entrée chez *San German*, et en racontant l'histoire de sa comparution en justice de paix où, traduit pour avoir laissé son chien, un mauvais petit bull, sauter sur un vénérable ecclésiastique d'Oran, il fit cette réponse au magistrat qui lui demandait pourquoi il n'avait pas cherché à retenir l'animal en question :

« *Je ne pouvais, Monsieur le juge, empêcher les* » *opinions de mon chien.* »

Malgré cette réponse, le prévenu fut condamné et c'était justice, car si un chien a le droit de regarder un évêque, ce droit ne saurait aller évidemment jusqu'à mordre un simple archiprêtre.

Il faut espérer néanmoins qu'un chien aussi bien pensant par le temps qui court, que celui qui valut à son propriétaire cette condamnation en simple police, n'aura pas été oublié lui, non plus, dans les faveurs gouvernementales, en dépit de l'esprit nouveau.

Que l'on aille, après cela, nier le progrès, lorsqu'il est donné de voir succéder à un père clérical, non seulement un fils anti-clérical, mais encore un chien de ce fils, dans les mêmes idées que son maître.

En lisant ces lignes, si toutefois elles parviennent jusqu'à lui, mon ex-adversaire aux élections, qui est un homme d'esprit, et il l'a bien prouvé par sa réponse à M. le juge de paix d'Oran, n'aura certainement pas cette mauvaise pensée de croire que j'ai voulu me venger de ses attaques, et, à propos de chien, lui garder, comme on dit vulgairement, un petit chien de ma chienne.

Je tiens à l'assurer qu'un tel cadeau est loin de mes intentions, car je n'ai nulle envie d'exposer ce second innocent à être élevé comme l'autre dans des sentiments anti-cléricaux.

*
* *

On me croira si l'on veut, eh bien ! malgré l'ingratitude noire du citoyen Bézy envers un de ses électeurs d'autrefois, j'ai conservé pour ce diable d'homme une faiblesse inimaginable et que je confesse ici publiquement.

Mon cœur est rempli pour lui des mêmes trésors d'indulgence que celui de son ancien directeur au collège des Jésuites de la rue des Postes à Paris, le père Dulac, dont on connaît le pronostic plein d'une charité évangélique à propos de Bézy, duquel il a dit que c'était une brebis égarée qui rentrerait au bercail.

La *brebis* me paraît pour le moment tourner

furieusement le dos au *bercail*. Mais, une volte-face est si vite faite ! et l'on sait que le rédacteur en chef du *Petit Fanal* excelle en ce genre d'exercices.

Au demeurant, Bézy n'est pas aussi mauvais qu'on pourrait le croire. Il se proclame lui-même une..... *bonne fille* et j'y souscris pour ma part très volontiers.

Au fait, ne lui dois-je même pas de la reconnaissance pour m'avoir encore ménagé dans cette campagne de presse, s'il faut en croire les intéressés, lesquels se plaignaient que Bézy ne leur en ait pas donné pour leur argent ?

Comment concilier toutefois les plaintes de ces derniers avec celles de Bézy lui-même, qui, lorsque ses amis lui demandaient combien il avait touché pour faire cette besogne, répondait en maugréant : « *Pas assez !* »

Enfin, le rédacteur en chef du *Petit Fanal* est très populaire, sinon à Oran même où il n'ose plus aujourd'hui se présenter dans une réunion publique de peur d'y subir l'espèce de lapidation réservée au ténors qui ont cessé de plaire, du moins auprès des habitants de la campagne qui le considèrent comme un des leurs, surtout depuis que Bézy se livre en son... bercail d'Hammam-bou-Hadjar, le seul bercail dont il se soit encore rapproché, à l'éducation du « cher ange » qui inspira la muse de Monselet.

Les premiers fondements de cette popularité reposent sur les vastes ailes d'un immense feutre gris semblable à celui que portent habituellement nos colons, et qui abritait jadis le chef auguste du conseiller général d'Aïn-Témouchent.

Mais depuis, Bézy, oublieux des services de cet ami de la première heure, l'a relégué dans un coin, pour se plier aux lois de cette mode insipide qui nous gouverne tous, et, il faut bien le lui dire, il a été dans la circonstance très mal inspiré, car il a perdu du même coup une bonne partie de sa puissante originalité.

Un deuxième élément de succès pour Bézy est sa rondeur de langage toute militaire qui lui gagne de suite les sympathies de ses auditeurs ruraux.

Il est vrai que c'est là tout ce que Bézy, ex-officier de notre armée, aurait conservé de... militaire, et qu'il ne passe pas précisément pour être aussi carré dans ses... allures, que rond dans son langage.

Mais, que voulez-vous ? on n'est pas parfait et si quelqu'un s'avisait de lui reprocher cette... imperfection, Bézy ne manquerait pas de riposter, avec l'esprit qu'on lui connaît, qu'on ne peut pas être à la fois rond et... carré, et qu'on n'a pas encore trouvé la quadrature du cercle.

La troisième source de la popularité de Bézy est la liqueur verte dont cet élu du peuple possède la faculté de s'assimiler un nombre..... incommensurable de verres, tout en causant avec ses électeurs des intérêts généraux du pays.

C'est là, on doit en convenir, une force considérable chez un homme public.

Que l'on s'étonne après cela, de la popularité dont jouit un autre homme, chez lequel Bézy, qui partage avec Gambetta l'honneur de l'avoir enfanté à la vie politique, avait sans doute découvert un buveur de sa trempe.

Je veux parler de M. le député Étienne.

Au cours de la dernière période électorale, Bézy nous racontait avec un légitime orgueil, dans un de ses articles encore étincelants d'une verve qui, hélas ! s'éteint un peu chez lui depuis quelque temps, l'histoire de ce petit verre d'absinthe pure que dans un plantureux dîner d'amis on avait servi, par erreur, en guise de coup du milieu, à l'ex-sous-secrétaire d'État, et que celui-ci a avalé, d'un trait, et sans sourciller.

Je croyais avoir réalisé moi-même, sous ce rapport, de véritables prodiges de valeur, pendant ma tournée électorale ; mais, en lisant dans le *Petit Fanal* le récit du tour de force exécuté par le député de la 2e circonscription d'Oran, j'ai reconnu bien vite que mes exploits n'étaient que de la petite... bière à côté de celui de l'homme dont j'avais conçu l'audacieuse ambition de devenir le collègue au Parlement, et dès ce moment j'ai compris que la partie était perdue pour moi, car, les vœux de M. Étienne allant à mon rival, j'en ai conclu que cette préférence devait être justifiée de la part de celui-ci par des capacités bien supérieures aux miennes en matière de... beuveries électorales.

Mais, puisque j'ai parlé de M. Étienne, je tiens, une bonne fois pour toutes, à défendre mes compatriotes d'un reproche, selon moi injuste, qui leur est adressé.

Comment se fait-il, leur dit-on souvent, que vous choisissiez pour député un opportuniste comme M. Étienne ?

A cela il n'y a qu'une réponse et elle me paraît topique, c'est que, la preuve qu'en nommant député M. Étienne, les électeurs de la 2e circonscription d'Oran ont fait un choix excellent, se trouve dans la consécration même de ce choix par les collègues de M. Étienne, qui l'ont à plusieurs reprises élevé à la vice-présidence de la Chambre, et par le gouvernement de la République, qui a confié à cet homme politique les hautes fonctions de sous-secrétaire d'État aux colonies.

Au surplus, qu'a-t-on à reprocher sérieusement à M. Étienne ?

Ce dernier ne s'est-il, comme député algérien, occupé exclusivement que des colonies autres que l'Algérie ?

Voyons, soyons de bonne foi ! Entre nous, n'a-t-il pas fait ici caser Pierre et donner la croix, le mérite agricole ou les palmes académiques à Paul ? et je le demande, le jour où grâce à M. Étienne tous ses électeurs auront été nantis de places, de bureaux de tabacs, de décorations, quelqu'un osera-t-il se lever ce jour-là et dire : « Je jure que le citoyen Étienne n'a pas bien mérité de... l'Algérie ?

***

C'est à regret que j'abandonne le citoyen Bézy, mais il n'est si bonne compagnie dont il ne faille se séparer.

Nous aurons d'ailleurs l'occasion de nous rencontrer encore quelquefois au cours de ce récit, avec le rédacteur en chef du *Petit Fanal*.

En attendant ce plaisir, qu'on me permette de clore ce chapitre consacré à un journaliste algérien, sur un souvenir assez gai de ma tournée électorale, et qui viendra à l'appui de ce que j'ai dit de la popularité du conseiller général d'Aïn-Témouchent.

C'était au village de***.

Le maire avait déclaré solennellement dans la réunion publique que, si je n'avais pas d'autre concurrent que M. Saint-Germain, il m'assurait *cent vingt voix* dans sa commune ; « mais, avait-il » ajouté, si Bézy se présente (il était en effet » question à ce moment de la candidature » éventuelle de Bézy), vous le savez, Bézy ! c'est » notre père à tous ; dans ce cas nous voterons » tous pour lui, et vous aussi, n'est-ce pas ? » monsieur Bariat, vous voterez pour lui ! »

Dans le lyrisme de son enthousiasme pour le *père des colons,* cet excellent maire avait oublié que j'étais moi-même candidat et l'imprudent ne se doutait pas qu'en m'engageant à voter pour Bézy, il m'incitait à commettre une récidive.

Le moins piquant de l'histoire pour moi, c'est que bien que la menace de la candidature de Bézy ne se soit pas réalisée, je récoltai tout juste... dix-neuf voix à***.

Il est vrai d'ajouter, que le maire de*** est un compatriote de Bézy, un natif comme lui des bords de la Garonne.

Son imagination du Midi, les libations électorales aidant, lui avait fait prendre pour la réalité les *cent vingt voix* qu'il m'avait promises et qui ne se trouvaient... qu'au fond de son verre.

IV

Un sauvetage. — Les bords de l'Yonne et les rives de la Méditerranée.

Après ma longue digression à travers les champs de la politique et la politique des champs, je reprends mon récit interrompu.

En présence des attaques et des menaces dont j'avais été l'objet de la part du *Petit Fanal*, je ne devais pas m'attendre certainement à ce que les chefs qui président aux destinées de la magistrature en Algérie se changeraient, dans la circonstance, en terre-neuve et se jetteraient à l'eau pour me sauver.

Chacun sait, en effet, que le temps de ces grands dévouements est déjà loin.

Je dois dire cependant que j'eus un moment d'espoir sous ce rapport, c'est quand j'appris par les gazettes, pendant l'été de 1892, que M. Flandin, procureur général à Alger, se trouvant en villégiature sur les bords de l'Yonne, où il se livrait à l'exercice de la pêche à la ligne, cette distraction si calme et partant si appropriée au caractère d'un vrai magistrat, avait repêché un enfant qui allait se noyer.

Les feuilles publiques n'avaient pas tari d'éloges au sujet de ce sauvetage accompli par notre procureur général, ce qui prouve, entre parenthèse, que M. Flandin était beaucoup mieux que moi dans les... papiers de la presse.

Je m'étais dit alors qu'un homme qui avait donné une telle preuve de courage penserait peut-être à un pauvre petit magistrat de son ressort qui était en train lui aussi de sombrer dans les flots soulevés par l'orage des passions... municipales.

Mais cet espoir a été de courte durée, les rives de la Méditerranée n'ayant pas sans doute pour M. Flandin les mêmes attirances et ne produisant pas chez lui les mêmes inspirations de dévouement que los bords de l'Yonne.

S'il ne m'était pas permis de faire fonds sur l'esprit de sacrifice de mes supérieurs hiérarchiques, j'avais tout au moins le droit d'espérer que ces derniers ne se laisseraient pas émouvoir outre mesure par des articles de journaux, et surtout que, s'ils ne pouvaient empêcher la tempête de gronder, ils n'iraient pas arrêter la foudre au passage pour la diriger eux-mêmes sur la tête d'un de leurs subordonnés, coupable seulement d'avoir déplu aux puissants de cette fin de siècle.

En cela je me trompais.

J'avais compté en effet, d'une part, sans la grande impressionnabilité de M. le premier président de la Cour d'Alger, et, d'autre part, sans le sang-froid et la présence d'esprit..... politiques de son jeune, mais déjà très... expérimenté collègue du Parquet général.

Mon chef immédiat, l'honorable M. Mennesson, président du tribunal d'Oran, lequel, vivant à mes côtés depuis des années, savait mieux que personne à quoi s'en tenir au sujet des attaques du *Petit Fanal* à mon endroit, ne s'en était autrement ému que pour venir m'exprimer l'indignation qu'elles lui causaient et m'apporter à cette occasion le témoignage de son estime et de sa sympathie.

Bien différente avait été l'impression de M. le premier président Zeys.

M. le Premier avait au contraire attaché une extrême importance à cette campagne d'un journal contre un magistrat de son ressort, et son émotion à cet égard s'était traduite par l'envoi de la dépêche administrative ci-après, que m'avait loyalement communiquée M. le président du tribunal, à qui elle était adressée :

« Alger, le 4 novembre 1891.

» Monsieur le Président,

» J'ai lieu de m'étonner que vous ne m'ayez pas encore

rendu compte des attaques dont M. le vice-président Bariat est l'objet.

» M. le *Procureur général,* plus heureux que moi, bien qu'il s'agisse d'un membre du siège, est déjà pleinement *édifié* par un *rapport* avec *documents* à l'appui, qu'il a reçu du *chef du parquet d'Oran.*

» Veuillez m'adresser, avec les explications écrites de M. Bariat et les journaux où il est attaqué, un rapport motivé sur cet incident.

» Recevez, etc.

» *Le premier Président,*

» ZEYS. »

Ce document suggestif, en même temps qu'il fournissait la preuve officielle de l'ascendant attribué à M. le procureur général Flandin sur M. le *Premier,* chef direct et dès lors protecteur naturel des *membres du siège,* révélait ce fait étrange que j'avais été, de la part du même magistrat qui avait introduit la poursuite en dénonciation calomnieuse dont le tribunal que je présidais avait renvoyé le prévenu, l'objet d'un rapport sur la nature duquel il ne m'était pas permis de m'illusionner en présence des termes suffisamment comminatoires de la dépèche de M. le premier président de la Cour d'Alger.

Pour me conformer aux injonctions contenues dans cette dépêche, j'ai fourni les explications écrites qui m'étaient demandées en réponse aux articles d'un journal, et j'avais tout lieu de croire que, malgré leurs préventions à mon égard, les chefs de la Cour n'avaient pu que trouver pleinement justificatives les explications que je leur avais fait parvenir, lorsqu'en juin 1892, c'est-à-dire *huit mois plus tard,* un blâme émanant de la Chancellerie et formulé dans les termes les plus sévères, est venu me frapper inopinément.

Ce blâme visait une lettre de moi dont un fac-simile photographique avait été adressé à la Chancellerie et par laquelle, d'après M. le garde des sceaux, j'aurais cherché à exercer une *pression* sur une dame d'Oran, pour la déterminer à faire rédiger un contrat par Me X..., notaire.

Il s'agissait, comme on le voit, du fait indiqué dans l'entrefilet du *Petit Fanal* du 3 novembre 1891, et dont j'ai déjà parlé dans le chapitre II.

On comprendra que je ne me sois pas considéré comme atteint, au point de vue professionnel, par un blâme tardif, pure satisfaction..... politique accordée à ceux qui, joignant leurs menées latentes aux attaques d'un journal, me poursuivaient avec acharnement depuis le 24 octobre 1891.

La Chancellerie elle-même a tout au moins implicitement reconnu ce caractère au blâme en question, ainsi que le constate la lettre ci-après de M. le sénateur X... :

« Paris, le 14 septembre 1892.

» Mon cher monsieur Bariat,

» Je n'ai pas besoin de vous dire que j'ai trouvé absolument excessif le blâme dont vous avez été l'objet.

» Je suis allé voir le directeur du personnel au

Ministère de la Justice, à qui j'ai remis votre note explicative, et ce dernier m'a déclaré *qu'on a pas cru vous infliger* **un véritable blâme** ; que l'on avait parfaitement compris les explications que vous avez invoquées pour votre défense, que l'on trouvait seulement que vous aviez été imprudent en écrivant une lettre qui pouvait donner prise à une fausse interprétation et en mentionnant sur cette lettre, au bas de votre signature, votre qualité de vice-président.

» De tout ceci, en définitive, il ne reste rien.

» Agréez, etc. »

J'ai vu à Paris un homme politique que je soupçonnais non seulement de n'être pas étranger à la mesure elle-même de mon déplacement, mais encore d'avoir... collaboré à la petite machination du blâme.

Celui-ci, tout en se défendant de m'avoir été hostile, s'est... oublié jusqu'à me faire une allusion, très discrète à la vérité, à l'affaire des lettres.

Sur ma réponse que j'avais en mains la preuve écrite que le Ministère n'attachait aucune importance à cet incident, mon homme politique, perdant alors toute... retenue, a bondi d'indignation, non pas, comme on pourrait le croire, de ce que j'avais reçu un blâme immérité, mais bien de ce que le ministre eût osé désavouer ce même blâme qu'on avait eu tant de peine à obtenir de sa... bienveillance.

Désirant ne rien laisser subsister de fâcheux pour moi, dans l'esprit de mes lecteurs, au sujet de cette affaire des lettres, pas même l'explication derrière laquelle, en dernière analyse, la Chancellerie s'est retranchée pour... défendre son blâme et invoquer en faveur de ce dernier le bénéfice des... circonstances atténuantes, je tiens à ajouter que le fait d'avoir apposé mon titre de vice-président au bas de ma signature, dans la lettre incriminée, est sans portée, en ce qui me concerne, étant donné que j'avais pris depuis longtemps l'habitude de signer de cette façon toutes mes correspondances privées, et ce afin d'empêcher des confusions et de me distinguer de mon oncle, M. Bariat, avocat-défenseur, ancien maire, et de mon frère, M. Achille Bariat, ancien magistrat, tous deux demeurant comme moi à Oran.

Au surplus, en admettant que la destinataire de la lettre ait ignoré cette particularité, elle pouvait d'autant moins se méprendre sur la nature de la démarche que je faisais auprès d'elle, que je lui écrivais en ma qualité d'administrateur testamentaire des biens de sa fille mineure, et que, d'un autre côté, les relations d'amitié que j'entretenais depuis de très longues années avec ma correspondante, qui m'a pour ainsi dire vu naître, devaient exclure de sa part l'idée qu'en faisant suivre ma signature au bas de cette lettre de ma qualité de vice-président, j'avais voulu agir sur elle comme magistrat.

Ceci dit, je suis prêt à faire une concession

à M. le directeur du personnel et à reconnaître avec lui que j'ai été imprudent, s'il s'agit de cette imprudence qui suffit pour faire... pendre quelqu'un, à l'aide de deux lignes quelconques de son écriture, mais ne saurait mériter à un magistrat un blâme même de... pure forme, de la part de ses chefs.

V

L'affaire des Galettes et un président bouc émissaire des péchés d'Israël. — Un Maire clérical et les processions de Mers-el-Kebir.

Le rapport du chef du Parquet d'Oran, visé dans la dépêche de M. le premier président de la Cour d'Alger du 4 novembre 1891, avait trait, ainsi que je l'ai su plus tard, à l'affaire des rabbins, dite affaire des *Galettes,* laquelle avait fait l'objet d'un entrefilet du *Petit Fanal* du 4 novembre 1891, dont la..... coïncidence avec le rapport dont il s'agit ne laissera pas certainement que de frapper.

Cette affaire a beaucoup occupé en son temps la presse oranaise, et elle mérite d'être rappelée ici.

Le Consistoire israélite d'Oran, malgré le décret Crémieux qui a fait d'un trait de plume de tous les Juifs algériens des citoyens français et des..... électeurs, continuait encore en 1890 à prélever sur ses... ouailles de véritables dîmes abolies chez nous par la Révolution de 1789.

Entre autres impositions il frappait notamment

la viande de boucherie, dite *kascher*, et il monopolisait tous les ans la fourniture des farines servant à la fabrication des fameuses galettes de la pâque juive.

En 1890, un israélite d'Oran, Sadia Sultan, voulut s'affranchir de ce dernier impôt, et il fit venir de Mostaganem des farines que, sans les faire passer par l'estampille consistoriale, il vendit directement à ses coreligionnaires.

Le président du Consistoire, Simon Kanouï, craignant que, si le mauvais exemple de Sultan trouvait des imitateurs, une des sources importantes des revenus consistoriaux ne vînt à tarir, résolut de frapper un grand coup et à cet effet il fit signer par trois rabbins complaisants une circulaire dans laquelle Sultan était excommunié *more judaico* et qui fut lue publiquement en chaire dans les synagogues d'Oran et des villes de l'intérieur, en même temps que défense d'acheter des farines chez l'excommunié Sultan était faite par un héraut dans le quartier israélite.

Ces procédés, on le voit, nous transportaient en plein moyen-âge.

Mais Sadia Sultan, élevé, paraît-il, dans des idées plus..... modernes et qui avait fait preuve d'un premier courage en résistant au Consistoire, en eut un second et assigna bravement les rabbins en diffamation.

Devant le tribunal correctionnel, les prévenus soulevèrent un incident, prétendant qu'en leur qualité de ministres d'un culte reconnu ils ne pouvaient être poursuivis en justice à raison d'un acte accompli par eux dans leur ministère, sans que cette poursuite ait été, au préalable, autorisée par le Conseil d'État.

Mais, le tribunal que je présidais repoussa cette prétention et condamna les rabbins à une amende et à des dommages et intérêts, décision qui devint définitive après le débouté de l'appel des prévenus et le rejet de leur pourvoi en cassation.

Le *Petit Fanal*, dans son entrefilet du 4 novembre 1891, avait dit un mot de cette affaire, en faisant allusion à un *procédé Bastien* et à *l'affaire des Galettes*.

Dans ma parfaite quiétude de conscience, je n'avais pas saisi d'abord toute la portée de l'allusion dont il s'agit.

Je savais depuis longtemps qu'il est deux magistrats auxquels le citoyen Bézy a voué des sentiments d'une tendresse toute particulière.

L'un de ces magistrats est M. Blanchard, ancien procureur de la République à Oran, dont je m'honore d'être l'ami, et qui dans le temps avait poursuivi Bézy en diffamation sur la plainte des gendarmes d'Aïn-el-Arba ; l'autre, M. Bastien, lequel présidait la chambre de la Cour d'Alger, dont l'arrêt sévère, intervenu sur l'appel à minima du parquet d'Oran, avait eu pour conséquence la radiation de Bézy des cadres de la Légion d'honneur, où il a été rétabli depuis grâce à de hautes interventions politiques.

J'avais donc pensé qu'en rappelant à propos de moi le nom d'un de ces deux magistrats, Bézy me témoignait par là qu'il m'enveloppait dans les mêmes..... sympathies que MM. Blanchard et Bastien.

Je m'expliquais, d'un autre côté, l'allusion à l'affaire des galettes par ce fait bien naturel, que les dites galettes avaient dû rester sur le.... cœur d'un ami du citoyen Bézy, le président du Consistoire israélite d'Oran, lequel les avait sans doute trouvées de... plomb, que dis-je? de plomb! d'un métal encore plus difficile à digérer pour lui, puisque le dit président avait été obligé de payer sur la caisse du dit Consistoire, dont il a la clef à sa disposition, les amendes et les dommages-intérêts auxquels avaient été condamnés les trois malheureux rabbins endosseurs de sa bulle d'excommunication contre Sadia Sultan, ainsi que les frais énormes nécessités par une triple procédure en première instance, en appel et en cassation.

Je concevais sans peine qu'à la suite de cette mésaventure Simon Kanouï soit allé épancher sa mauvaise humeur dans le sein du.... *Petit Fanal*, bien que le président du Consistoire fût injuste à mon égard en faisant de moi le bouc émissaire des péchés d'Israël.

Mais M. Mennesson, renseigné probablement

par M. le procureur de la République Eon, lequel était dans le secret des dieux, avait appelé mon attention sur ce « *procédé Bastien* », et c'est ainsi que j'avais connu l'épouvantable accusation portée contre moi.

Je n'étais accusé de rien moins en effet que d'avoir, de même que l'ancien procureur impérial à Saint-Omer, contre lequel on avait relevé un fait semblable, commis le crime de faux en écriture publique et authentique, en altérant sciemment les notes d'audience dans l'affaire des Galettes.

J'avoue que je fus tellement bouleversé par cette accusation que, tout comme le conseiller des « Tours de Notre-Dame », je faillis sur le premier moment prendre la frontière... d'Espagne.

Mais, en recouvrant mes esprits, je me rappelai que je n'avais fait, quant à moi, que signer telles qu'elles m'avaient été présentées les notes d'audience tenues par le greffier.

Ce dernier est précisément M. Lavigne, commis-greffier au tribunal d'Oran.

Or, M. Lavigne est en même temps maire de Mers-el-Kebir, et ce fait a été pour moi un trait de lumière.

En effet, M. Lavigne est connu pour un clérical renforcé, puisqu'il est un des rares maires d'Algérie qui autorisent les processions dans leur commune.

Il est dès lors évident que si falsification des

notes d'audience il y a eu, l'auteur n'en peut être que M. Lavigne, car, pour me servir des termes mêmes de la circulaire électorale aux Juifs, du 18 août 1893, que Kanouï m'a fait l'honneur de me consacrer, *c'est dans la religion catholique, à laquelle il est inféodé,* que Lavigne a *dû puiser contre la religion de Moïse une haine* assez forte pour le porter à commettre un faux au préjudice des rabbins.

Je livre ces conjectures aux magistrats chargés de la répression des crimes en Algérie.

Il est encore temps d'agir, le délai de la prescription en matière criminelle étant de dix ans, et je ne doute pas que si M. Lavigne comparaissait pour son compte personnel en Cour d'assises après y avoir, pendant de si longues années, instrumenté pour le compte des autres, comme greffier au criminel, il y aurait ce jour-là, malgré les tristesses de l'heure présente, un dernier beau jour pour la vieille gaîté française.

VI

L'opportunisme reniant son enfant... l'anarchisme

Je m'étonne qu'un magistrat aussi perspicace que M. le procureur de la République Eon n'ait pas vu comme moi la corrélation qui existait entre l'affaire des Galettes et les processions de Mers-el-Kebir, et je ne comprends pas, d'un autre côté, qu'ayant été lui-même pendant si longtemps en butte aux éreintements et aux lazzis du rédacteur en chef du *Petit Fanal*, lequel l'avait pris véritablement pour sa tête de turc, le chef du parquet d'Oran ait oublié le passé à ce point de joindre ses efforts à ceux du citoyen Bézy pour *tomber* un de ses collègues du tribunal d'Oran, j'allais dire : un de ses compagnons d'infortune.

Comment s'expliquer cette attitude de M. Eon à mon égard, alors que j'étais attaqué par l'ennemi commun de la magistrature ?

Mystère et..... politique !

Je n'ai jamais pu pénétrer ce secret d'État,

M. Eon l'ayant emporté avec lui à Alger, où il a été, peu de temps après, promu aux fonctions élevées d'avocat général.

***

Tout a été mystérieux d'ailleurs dans cette affaire, et lorsque, le 18 octobre 1892, un décret du président de la République, contresigné par le garde des sceaux Ricard, est venu mettre enfin à exécution les menaces d'un journal, et m'arracher à mon siège de vice-président à Oran pour me nommer juge à Alger, je me suis sérieusement demandé si nous n'étions pas à Constantinople et si je n'avais pas été livré aux muets du sérail.

En effet, sous un régime où le parlementarisme est tout, j'avais conjecturé avec assez de logique, ce me semble, que des influences parlementaires seules avaient pu être assez fortes pour obtenir de la faiblesse d'un ministre de la justice d'un jour un acte aussi injuste que celui dont j'avais été victime.

Mais, *Celui* auquel j'avais pensé en premier lieu, en vertu de l'adage « *A tout seigneur tout honneur* », le très haut et très influent député Étienne, vice-président de la Chambre, ex-sous-secrétaire d'État, avait dès la première heure déclaré à qui voulait l'entendre qu'il était désolé de ce qui m'arrivait et qu'il n'avait appris mon déplacement que par le *Journal officiel*.

Je m'étais alors tourné d'un autre côté, me souvenant que le tribunal d'Oran compte au nombre de ses avoués un député et un fils de sénateur.

Je me demandais avec inquiétude si je n'avais pas encouru le déplaisir de ces deux puissants officiers ministériels, en les traitant sur le pied d'égalité avec leurs confrères, c'est-à-dire en faisant, comme magistrat taxateur de la chambre des criées du tribunal d'Oran, subir à leurs états de frais les..... modifications que comportent les tarifs civils. .

Mais, de ce côté encore, mes craintes étaient... téméraires.

J'avais vu à Oran, en novembre 1892, l'avoué-député, et celui-ci m'avait juré, *sur la tête de sa mère* (que l'on juge par là de la solennité et de l'importance du serment), qu'il était, en ce qui me concerne, aussi innocent que l'enfant qui vient de naître, et comme j'allais lui demander s'il n'avait pas tout au moins emboîté le pas à ses collègues de la représentation oranaise, il avait prévenu ma question en se portant fort également de l'innocence de MM. Étienne et Jacques père.

Je suis allé rendre visite plus tard à M. Jacques père à Paris, et notre vénéré *sénateur*, avec une énergie que je n'attendais pas de son grand âge, mais qu'il doit à une très verte vieillesse, a protesté à son tour contre toute participation de sa part à un acte évidemment honteux et dont on comprend que personne, pas même le ministre qui l'a cependant revêtu de sa signature, n'ait voulu reconnaître la paternité véritable.

Enfin, M. Jacques fils, avocat-défenseur à Oran, avait tenu à se défendre spontanément auprès de moi, au sujet d'un propos qui lui était attribué.

On racontait à Oran qu'à la fin de novembre 1891, aux obsèques d'un juge du tribunal, M. Waton, M. Jacques fils, qui faisait partie du cortège, avait, après s'être livré à des appréciations sur le jugement du 24 octobre, prononcé assez à haute voix pour être entendue de plusieurs personnes, cette phrase... imprudente :

« *Quant à Bariat, nous le ferons...* **sauter!!!**

Le propos avait fait le tour de la ville et l'on annonçait qu'un journal d'Oran allait publier, pour faire justice d'une menace aussi grave dans la bouche d'un officier ministériel, un article fulminant, portant un titre des plus moyen-âgeux et dû à la plume à l'emporte-pièce d'un homme de beaucoup d'esprit.

Mais l'article vengeur ne parut point.

M. Jacques fils, prévenu à temps, avait vu le journaliste qui devait insérer l'article en question et lui avait, paraît-il, donné... sa parole d'honneur qu'il n'avait pas tenu le propos incriminé.

Estimant toutefois que cette parole d'honneur

n'était pas suffisante, M. Jacques fils avait éprouvé le besoin de venir me jurer à son tour (je crois que pour lui c'était sur la tête de son père, mais je n'en suis pas bien sûr), qu'il n'avait jamais dit qu'il me ferait *sauter*.

Étant encore à ce moment-là vice-président du tribunal d'Oran, j'ai, en conséquence, donné acte à Me Jacques, avocat-défenseur, du serment de M. Jacques fils, à savoir que ce dernier n'était pas un... anarchiste, ce dont je m'étais d'ailleurs toujours douté.

M. Jacques fils n'est-il pas en effet parmi les heureux de ce monde, et peut-être même, qui sait? au nombre de ceux appelés à *sauter* un jour, lui qui, tout jeune encore, est déjà avocat-défenseur, premier suppléant de la justice de paix, président du Conseil général, chevalier de la Légion d'honneur, et, ce qui ne gâte rien..., fils de sénateur ?

VII

Alger la blanche comme..... neige. — Une succession musulmane perdue dans les... sables du désert. — Du danger d'être trop populaire comme magistrat et pas assez comme candidat à la députation. — L'opinion d'un grand chef de la magistrature sur les journalistes.

Bredouille comme on le voit du côté des hommes politiques, après avoir vainement interrogé Oran, je me suis adressé à Alger, mais Alger la *blanche* n'avait pas démérité de son nom, car, à l'en croire, elle aussi était restée blanche comme neige à mon endroit.

Avant de demander leur énigme aux sphinx de la Cour, j'avais eu, au mois d'août 1892, une première entrevue avec M. le premier président Zeys, sur les hauteurs de la Bouzaréah.

Je venais d'apprendre qu'un conseiller de la Cour d'Alger, M. Lejeune, délégué pour présider les assises à Oran, avait été chargé en même temps d'une enquête confidentielle à mon sujet.

M. Lejeune avait fait appeler dans son cabinet, à l'hôtel de ville d'Oran, plusieurs personnes pour leur poser des questions relatives à mon administration testamentaire des biens de la famille D..., d'Aïn-Témouchent.

Les derniers comptes de cette administration, apurés en février 1892, chez Me Larcher, notaire à Oran, attestaient que grâce à mes soins la fortune des mineurs que j'avais eu à gérer avait été augmentée dans de très larges proportions.

C'est ce que les intéressés eux-mêmes, par lesquels d'ailleurs j'avais été avisé de cette enquête, avaient fait connaître au magistrat enquêteur, en lui déclarant que non seulement ils n'avaient pas à se plaindre de ma gestion, mais qu'ils ne me devaient que des remerciements pour tous les services que je leur avais rendus.

J'étais allé m'expliquer à Alger avec M. le premier président au sujet de cette affaire, et lui exprimer mon étonnement de ce qu'il eut fait choix comme enquêteur de M. Lejeune, que j'avais tout lieu de tenir pour mon ennemi personnel, ayant eu avec lui des difficultés très sérieuses alors qu'il était président du tribunal d'Oran.

Je n'entrerai pas ici dans le détail de tous mes démêlés avec M. Lejeune et me bornerai à raconter un petit incident qui me paraît venir assez bien à point.

Dès son arrivée à Oran, M. Lejeune s'était très lié avec le citoyen Bézy, et un jour que, m'ayant parlé de ce dernier, il se servit de cette expression « *mon ami Bézy* », je crus devoir lui faire observer que c'était là un ami un peu.... dangereux.

M. Lejeune fut très piqué de l'observation, et on va voir cependant si je n'avais pas raison de chercher, en ma qualité de déjà vieil Oranais, à prémunir M. le président du tribunal contre les.... écueils d'une semblable amitié.

En 1885 mourait à Oran un des plus grands chefs indigènes de notre province, Si-Ahmed-ould-Cadi, bach-agha de Frendah.

Ce dernier laissait en terres, maisons, troupeaux, une fortune tellement immense, qu'elle n'a jamais été complètement inventoriée.

La justice humaine est exposée à commettre des erreurs... de droit, quand elle obéit aux suggestions de l'amitié, et c'est là ce qui explique que M. le président Lejeune ait nommé comme liquidateur de la succession du bach-agha.... *son ami* le citoyen Bézy.

Je suis le premier à reconnaître que les vastes capacités du citoyen Bézy l'indiquaient tout naturellement *en fait* pour liquider la dite succession ; mais *en droit* comment justifier l'intervention du président d'un tribunal français dans une affaire de succession musulmane ?

Quant à moi, je n'ai jamais compris cette intervention.

Aussi me suis-je déclaré incompétent lorsque, pendant l'été de 1885, où j'assurais à Oran le service des vacations, on m'a saisi d'un référé tendant à faire ordonner d'autres mesures provisoires relatives à la même succession.

Un troisième référé a été introduit en octobre 1885, cette fois devant M. le président Lejeune, de retour de vacances, et ce dernier, ayant appris que j'avais rendu une décision contraire à la sienne, reconnut alors son erreur et se déclara... incompétent à son tour.

Je laisse à penser quel honneur ce fut pour moi de voir adopter ma jurisprudence par M. le président du tribunal.

Cette nouvelle décision de M. Lejeune, venant après la mienne, nous a valu à tous deux une approbation aussi précieuse qu'inattendue, celle du... citoyen Bézy lui-même, qui, à cette occasion, nous a couvert d'éloges dans un article du *Petit Fanal* du 20 octobre 1885.

Après cela peut-être le liquidateur Bézy avait-il intérêt à ce que la succession du bach-agha, devenue malgré elle une succession française, redevînt une succession..... musulmane !

En gravissant le chemin ombragé qui conduit au riant cottage situé sur les flancs de la Bouzaréah et où M. Zeys va goûter tous les ans en famille un repos si bien gagné par les... soucis de la première présidence, je pensais, sous l'impression du souvenir que je viens d'évoquer, qu'à mes très respecteuses, mais aussi très fermes observations relativement au choix de M. Lejeune pour procéder à une enquête sur mon compte, M. Zeys répondrait qu'il y avait eu erreur et que c'était en vue d'une enquête concernant la succession du bach-agha de Frendah qu'il avait délégué ce magistrat.

La désignation de M. Lejeune m'eût paru dans ce cas d'autant plus rationnelle que, ainsi que je l'ai dit plus haut, c'était lui-même qui avait nommé le liquidateur de cette succession.

D'un autre côté, une enquête s'imposait dans l'espèce, car depuis très longtemps déjà on était sans nouvelles de la succession dont il s'agit, et on se demandait avec une certaine anxiété si son actif, cependant si considérable, ne s'était pas perdu dans les..... sables du désert.

Au lieu de la réponse que j'attendais, M. Zeys m'en fit une autre que j'étais loin de prévoir.

Il désavoua hautement, il est vrai, M. Lejeune, en m'assurant qu'il n'avait jamais chargé ce magistrat de se livrer à des investigations sur mes actes comme administrateur de la succession D... d'Aïn-Témouchent ; mais il reconnut qu'il lui avait confié une mission se rapportant à moi ; seulement, d'après M. le Premier, cette mission consistait uniquement pour M. Lejeune *à profiter de ce qu'il allait présider les assises à Oran pour pressentir l'entourage du tribunal à l'effet de savoir comment y était accueillie l'idée de ma candidature à la présidence d'Oran.*

Cette explication de M. le Premier paraîtra sans doute un peu... ingénieuse, car quelle apparence que M. Lejeune, en dépit de ses sentiments pour moi, se soit chargé lui-même d'une mission aussi... délicate que celle qu'il a remplie d'ailleurs, je le reconnais, avec un zèle digne d'un meilleur sort.

Quant à moi, si j'avais un grief à formuler contre M. Lejeune, il me semble que ce serait moins d'avoir outrepassé que d'avoir accepté une mission quelconque me concernant, étant donnée l'extrême tension de nos rapports antérieurs.

Dans tous les cas, je n'aurais garde de vouloir trancher moi-même une question aussi... brûlante.

Ceci est affaire à MM. le premier président Zeys et le conseiller Lejeune.

Il est à désirer que d'une explication indispensable entre ces deux hauts magistrats jaillisse la lumière sur ce point intéressant de controverse.

Au cours de la longue audience que j'obtins de lui, M. Zeys me fit, très aimablement d'ailleurs, ce singulier reproche d'être *trop populaire* à Oran.

Ce reproche, bien que flatteur pour moi, était cependant immérité, car comment accorder cette opinion de M. le Premier sur mon compte avec celle de mes concitoyens eux-mêmes qui, aux dernières élections, trouvaient que je n'étais pas suffisamment connu dans ma propre ville natale et que je ne *fréquentais pas assez les cafés d'Oran*.

Je conviens que ce dernier reproche surtout était justifié, car, désireux de m'abstraire, comme magistrat, de toute influence extérieure et de conserver mon entière indépendance vis-à-vis de tout le monde, je vivais à Oran, en dehors de l'exercice de mes fonctions judiciaires, exclusivement de la vie de famille, et j'avais résisté aux instances réitérées de certaines personnes qui tenaient absolument à me voir faire partie d'un des cercles les plus importants de la ville, auquel cependant des collègues beaucoup moins timorés que moi sous ce rapport n'avaient pas hésité à se faire admettre.

C'est pourquoi je ne pus m'empêcher de faire remarquer à M. le premier président que, s'il y avait un magistrat qui, bien que n'ayant pas cet avantage d'être comme moi un Oranais, jouissait à Oran d'une popularité incontestable, ce magistrat était précisément M. le conseiller Lejeune lui-même.

En effet, M. Lejeune a recueilli de telles sympathies dans la population durant son séjour à Oran comme président du tribunal, que, dès qu'il revient parmi nous, il est reçu, fêté, choyé partout, et qu'on se l'arrache littéralement.

Mais la manifestation même de ces sympathies en est arrivée pour M. Lejeune à un degré où elle est de nature à alarmer tous ceux qui portent de l'intérêt à ce haut magistrat.

La première fois que M. Lejeune vint présider les assises à Oran, il fut accablé d'invitations de tous côtés.

Un soir qu'ayant dîné chez des amis et que le repas s'étant un peu prolongé, M. Lejeune avait pris tardivement congé de ses hôtes, il fut victime d'un accident des plus graves au moment où il réintégrait le local que la municipalité oranaise avait généreusement mis à la disposition des présidents d'assises, derrière l'ancien et peu somptueux palais de justice de la rue de la Moskowa.

Sans doute la lumière qui éclairait l'entrée du logis présidentiel s'était éteinte !

Ce qu'il y a de certain c'est que M. le président des assises, n'ayant pu retrouver la rampe de l'escalier, trébucha et fit une chute si malheureuse qu'il se démit une épaule.

La seconde fois que nous eûmes l'honneur de posséder M. Lejeune dans nos murs, à la fois comme président des assises et conseiller enquêteur, il venait encore de déjeûner chez un ami, lorsque, à propos de cet ami qu'il avait amené à l'audience de la Cour d'assises et qu'il voulait faire placer sur l'estrade, derrière la Cour, contrairement aux prescriptions de la circulaire du garde des sceaux, il eut avec M. Mennesson, lequel présidait ce jour-là les assises, cet incident regrettable dont la presse d'Oran s'est emparée et qui cette fois aurait pu coûter peut-être même la vie à M. Lejeune, si l'affaire avait reçu la solution *manu militari* que M. Mennesson, justement indigné, voulait lui donner, c'est-à-dire si elle s'était terminée par le duel auquel le président du tribunal avait provoqué le président des assises en lui dépêchant *deux de ses amis.*

J'ai rappelé ces faits à M. le premier président à seul fin de lui faire reconnaître combien, dans la dernière circonstance surtout, avait été peu heureuse la désignation de M. Lejeune en la double qualité de président des assises et de magistrat enquêteur.

M. le Premier en a convenu avec la meilleure grâce du monde, et j'ai profité aussitôt de ces bonnes dispositions de sa part pour ajouter que, pratiquant le pardon des... enquêtes, j'en voulais si peu à M. Lejeune que, dans l'intérêt même de ce magistrat, j'engageais M. le premier président à ne plus l'envoyer présider les assises à Oran, car, en signant l'arrêté qui le déléguerait pour la troisième fois à ces fins, il signerait assurément cette fois l'arrêt de... mort de M. le conseiller Lejeune.

M. Zeys qui, on le sait, est la bienvieillance

faite premier président, non seulement ne s'offensa pas de ma liberté grande, mais il poussa même l'indulgence à mon égard jusqu'à me dire que j'avais raison et qu'il prenait bonne note de mon avis pour l'avenir.

Mais M. le Premier prit un front plus sévère un instant après, pour me faire part de ses impressions au sujet d'un autre jugement rendu également sous ma présidence par le tribunal correctionnel d'Oran, dans l'affaire Merceron.

On se rappelle les faits.

Merceron, propriétaire du *Réveil Oranais*, avait été, à la suite d'une discussion sur la voie publique avec Legeay, ex-gérant de cette feuille, et sur la plainte de ce dernier, fouillé par la police et trouvé porteur d'un revolver qu'on avait saisi dans sa poche.

Poursuivi pour ce fait en police correctionnelle, sous la prévention de port d'arme prohibée, il avait été acquitté par les premiers juges, et, sur appel du ministère public, condamné à Alger.

« La Cour, me dit M. le Premier de sa voix » la plus grave, s'est demandé, à cette occasion, » si les honnêtes gens étaient assurés de trouver » désormais à Oran une protection suffisante » contre les journalistes auprès du tribunal que » vous présidez. »

J'eus beau représenter à M. le Premier que Merceron était plus propriétaire que journaliste, à la différence de Legeay qui, lui, était plus journaliste que propriétaire ; que d'ailleurs il y avait journalistes et journalistes, de même qu'il y a fagots et fagots ; qu'enfin, en se plaçant à un point de vue élevé et indépendant des personnes, on devait admettre qu'on pût traiter dans un journal des questions d'intérêt public, telles que celles relatives par exemple à l'administration municipale d'une grande cité comme Oran ou à la création des centres de colonisation en Algérie, sans que pour cela la sécurité des honnêtes gens soit compromise, et sans que, d'un autre côté, on fût exposé, en se... précautionnant contre les suites possibles de ces études sur d'intéressants problèmes algériens, à commettre autre chose qu'une simple infraction à la... lettre de la loi ; que c'était là le cas de Merceron, lequel avait déclaré à l'audience qu'il s'était armé d'un revolver pour sa défense personnelle, en présence des agressions dont, d'après lui, le rédacteur en chef du journal le *Réveil Oranais,* auquel il collaborait, avait été l'objet à la suite de sa campagne contre le maire d'Oran et de ses articles sur Terga ; qu'au surplus, la Cour elle-même ne paraissait pas avoir envisagé cette affaire sous un aspect aussi grave que voulait bien le dire M. le premier président, puisqu'elle n'avait condamné le *journaliste* Merceron qu'à... seize francs d'amende.

Tous mes raisonnements furent inutiles et vinrent se briser contre cette objection de M. le

Premier, qui revenait sans cesse, à l'instar du fameux *tarte à la crème* de Molière : *c'est un journaliste !*

J'ai compris par là que M. Zeys n'avait apprécié la justesse de ma comparaison des journalistes avec les fagots qu'à un point de vue tout différent du mien, et que dans sa pensée tous les journalistes étaient comme les fagots, bons à... jeter au feu.

Ce n'est pas moi qui dis cela ; c'est M. le premier président Zeys, et c'est moi cependant que ces mêmes journalistes, dont j'ai pris la défense, n'ont pas épargné. O justice de la presse !

On remarquera que M. Zeys, dont le jugement est si dur pour le monde du journalisme, n'a voulu faire aucune exception, pas même pour son collègue au Conseil supérieur..... le citoyen Bézy !

Comment expliquer après cela que M. le président Zeys, qui paraît tenir les journalistes en si médiocre estime, puisse leur prêter cependant quelquefois une oreille... favorable ?

Serait-ce là chez lui une de ces nombreuses contradictions que l'on est habitué à rencontrer dans la nature humaine, à moins que M. Zeys, qui ne fait pas d'exception lorsqu'il s'agit de journalistes, n'en admette une... en faveur des *honnêtes gens à protéger* contre les attaques de la presse, et que de cette catégorie de *protégeables* il n'exclue les... magistrats de son ressort ?

Si telle était la manière de voir de M. le premier président de la Cour d'Alger, on conviendra que je n'avais pas tous les torts le jour où j'ai pris cette grave détermination d'abandonner un ressort dans lequel la magistrature était aussi... favorisée.

*
* *

J'ai revu M. Zeys dans les premiers jours d'octobre 1892.

J'étais venu le trouver cette fois pour lui demander sur place un congé qu'il m'avait refusé par télégramme et dont j'avais besoin pour me rendre à Paris, autant dans le but de faire valoir mes titres à la présidence d'Oran, sur l'invitation même de M. Mennesson qui m'annonçait sa mise à la retraite prochaine, que de savoir au juste ce qui se tramait contre moi à la Chancellerie.

M. le Premier fut inébranlable dans le refus qu'il avait déjà opposé à ma demande, ce qui ne laissa pas de me surprendre, car bien que M. Zeys soit Alsacien, ainsi que son nom même l'indique, on ne saurait en rien lui reprocher la ténacité de caractère qui est le propre de ses compatriotes de l'Alsace.

Mais j'eus plus tard la clef de ce nouveau mystère.

M. le Premier me réitéra dans cette seconde entrevue l'assurance qu'il m'avait déjà donnée de ses bons sentiments pour moi, me déclarant que j'étais un excellent et très digne magistrat ; que, pour le principe, il était opposé à ma candidature comme président à Oran, parce que j'avais des intérêts dans cette ville ; mais que, si j'étais nommé malgré lui, il ne m'en continuerait pas moins toute sa bienveillance.

Mais quant à mon futur déplacement, pas un mot.....

***

Sachant M. le procureur général Flandin de retour de ce congé pendant lequel il s'était distingué par le sauvetage que j'ai raconté dans un précédent chapitre, je profitai de mon passage à Alger pour me présenter à l'audience de ce haut magistrat.

VIII

Broassans-Latude et les six mille livres de rente de Courtot de Lamoricière

---

Je connaissais déjà M. Flandin pour l'avoir vu à Oran dans deux circonstances.

La première fois c'était à l'occasion de l'affaire Broassans qui fit tant de bruit dans la presse algérienne.

M. Flandin reçut alors officiellement les membres du tribunal, et je me rappelle qu'au cours de cette réception il nous fit un discours des plus éloquents sur..... *l'inamovibilité*.

« Messieurs, nous dit en terminant M. le pro-
» cureur général, vos chefs s'occupent de cette
» importante et délicate question, et ils espèrent
» arriver prochainement à faire donner satis-
« faction sur ce point aux vœux de la magis-
» trature algérienne. »

M. Flandin, que rien de ce qui s'imprime dans les feuilles publiques ne laisse indifférent, avait tenu à venir assister aux débats de l'affaire Broassans.

Broassans, banqueroutier vulgaire, était par lui-même un sujet peu intéressant ; mais la longue détention qu'il avait subie avant de passer aux assises en avait fait une espèce de Latude, victime des cruautés de la magistrature.

Or, je tiens d'un honorable conseiller à la Cour que la prévention prolongée de Broassans était due à son... avocat, un très habile homme, lequel avait à dessein provoqué les renvois successifs d'une instance civile pendante en appel et dont le parquet de Tlemcen avait décidé d'attendre la solution avant de régler le dossier criminel.

Ce même avocat avait ensuite, au moyen de la presse toujours disposée à s'emballer comme Don Quichotte sur une piste généreuse ou pour une idée plus.... pratique comme Sancho Pança, créé un mouvement d'opinion publique en faveur de son client.

Il avait enfin réservé pour le.... bouquet, la plaidoirie de son fils, un jeune avocat du barreau de Paris, qui, dans une philippique des plus véhémentes, avait représenté les magistrats de Tlemcen comme des... tortionnaires, et..... l'acquittement avait été obtenu du bon jury.

Au cours de son... réquisitoire, le fougueux avocat de Broassans ne craignit pas d'avancer ce fait, que le parquet de Tlemcen avait osé poursuivre, comme voleur de bestiaux, un certain

Courtot de Lamoricière, lequel... *horresco referens!* possédait six mille livres de rente!

Quand on rapporta à Courtot que Me X... avait dit de lui à la Cour d'assises qu'il était possesseur de six mille livres de rente, Courtot, dans son émotion, ne trouva que cette réponse : *Ah! si cela pouvait être vrai!*

Me X... est devenu depuis député socialiste de la Seine, et je plains sincèrement ses électeurs si le paradis terrestre qu'il leur promet dans ses discours doit être de la même.... consistance que les six mille livres de rente de Courtot.

***

Je tiens à rappeler, à propos du procès Broassans, que l'avocat général qui porta la parole dans cette affaire était précisément M. le procureur de la République Eon.

On estima généralement que M. Eon avait été assez faible dans sa... plaidoirie en réponse au réquisitoire de l'avocat de Broassans.

Ses collègues de Tlemcen furent très étonnés quand on leur apprit que M. Eon n'avait eu pour les défendre que cette simple phrase : « Je ne » connais pas les magistrats de Tlemcen et je ne » sais pas dès lors ce qu'il peut y avoir de vrai » dans les accusations portées contre eux. »

On aurait tort toutefois de juger du talent de M. l'avocat général Eon sur cet échantillon oratoire, car les succès qu'il a remportés aux assises témoignent au contraire qu'il est des mieux doués comme organe de l'accusation ; de là vient sans doute qu'il excelle davantage dans..... l'offensive que dans la défensive lorsqu'il s'agit de ses... collègues de la magistrature.

*
* *

Il est probable que M. Flandin, sur la foi de la parole enflammée de l'avocat de Broassans, répétée par les échos de la presse aux cent voix, emporta des débats de ce procès la conviction que les magistrats de Tlemcen étaient en effet des... Torquemada au petit pied, car, peu de temps après, il fit supprimer... sans phrases le procureur de la République, M. Villa, un des magistrats les plus honorables du ressort, homme d'un caractère très doux, d'une vie privée exemplaire, et tout à fait indépendant par sa situation personnelle.

Il est vrai que cette indépendance même avait gêné un avocat, homme politique influent ! ! !

L'affaire Broassans eut des suites analogues pour un autre membre du tribunal de Tlemcen, M. le juge d'instruction Martin, magistrat de valeur, docteur en droit, et qu'on avait dépeint d'abord sous les couleurs les plus noires, mais dont une communauté... d'infortune, à laquelle je dois d'avoir fait sa connaissance, m'a appris à apprécier la grande droiture et le savoir.

Celui-là fut aussi sacrifié à d'autres rancunes : il a été immolé sur l'autel de la.... *taxe,* et quand je pense que dans un *interview* récent, au sujet du rapport Dupuy sur les offices ministériels en Algérie, M. Flandin, aujourd'hui député, a déclaré au correspondant du journal la *Vigie* que certains magistrats algériens n'apportaient pas, en matière de taxe des états de frais des officiers ministériels, toute la *rigidité* qu'il faudrait, je me demande en vérité si l'ex-procureur général d'Alger ne nous prend pas pour ses..... électeurs d'Avallon.

Puisque j'ai cité M. Martin, je confie, sous le sceau du secret, à mes lecteurs, que je prépare en collaboration avec cet ancien collègue, aujourd'hui avocat à Alger, un travail qui sera intitulé : *Le Martyrologe des victimes du procureur général Flandin.*

Mais afin de calmer les impatiences de ceux qui brûleraient du désir de connaître cette nouvelle publication, je m'empresse d'ajouter que, vu son importance et son... étendue, elle n'est pas encore sur le point de voir le jour.

IX

Madame Weiss ou l'empoisonn...ée d'Aïn-Fezza

La seconde fois que j'eus l'honneur de voir M. Flandin à Oran, il y était venu pour soutenir l'accusation dans l'affaire Weiss.

M. Flandin, arrivé tout jeune procureur général à Alger, avait tenu à justifier, par une action d'éclat, ce magnifique avancement, et il faut lui rendre cette justice qu'il a réussi cette fois au-delà même de ses espérances, car, parti pour Oran afin d'y obtenir une modeste condamnation aux travaux forcés, il est retourné à Alger avec quelque chose de beaucoup... mieux.

Les débats du procès Weiss, qui avait attiré à Oran un grand concours de personnes étrangères à la ville ainsi que bon nombre de représentants de la presse parisienne, étaient dirigés par un magistrat éminent, M. le conseiller Zill des Iles, qui s'était déjà fait un nom dans l'affaire Chambige et a laissé en Kabylie des souvenirs d'une très remarquable administration de la justice.

M. Zill des Iles, dont le dévouement est à la hauteur de tous les sacrifices, vient encore d'être chargé, par la confiance des chefs de la Cour, de présider un autre procès à sensation, celui de l'ex-maire Sapor et de ses complices.

Cet honorable magistrat n'est pas seulement un président d'assises hors de pair, c'est aussi un homme d'esprit, et c'est de lui qu'on cite cette réponse à la Daumesnil faite à un plaideur venu pour lui demander un service au lieu d'un... arrêt : « *Mon ami, rendez-moi ma jambe et je vous » rendrai ce... service !*

Je vois encore M. le procureur général Flandin se levant pour prendre la parole.

Il nous apparut alors comme l'archange de la vindicte publique, armé du glaive flamboyant de la loi, et entouré d'une auréole d'hermine qui faisait ressortir l'éclat de son teint juvénile.

L'archange préluda par un hymne au « sexe faible », dans lequel il dit ses répugnances à venir accuser « *une femme* », et combien il était pénible et délicat pour lui d'être obligé de remplir un semblable ministère.

A cet instant tous les regards de l'auditoire féminin s'étaient portés, avec une curiosité... émue, vers ce grand jeune homme blond, à la chevelure frisée et dont les yeux dans leur expression vague et extatique semblaient refléter toute la poésie du sentiment que les lèvres de l'orateur venaient d'exprimer.

Par ce début d'une si exquise sensibilité, M. Flandin paraissait s'être affirmé comme un de ces nobles chevaliers qui ont inscrit pour devise, sur leur écusson, cette pensée du poète arabe, qu' « il ne faut pas frapper une femme même avec une fleur. »

L'exorde était trompeur toutefois, et la suite du discours a prouvé que ce n'était pas seulement avec une fleur que M. Flandin avait frappé, mais que c'était avec un... bouquet qu'il avait tué sa victime.

En effet, à la fin du réquisitoire, les yeux, s'animant tout à coup, avaient lancé des éclairs, les lèvres s'étaient contractées dans un rictus... accusateur, et le procureur général avait conclu par cette péroraison accablante pour l'accusée :

« Non, messieurs les jurés, vous ne voudrez
» certainement pas rendre à la liberté une femme
» qui, après le crime odieux dont elle s'est rendu
» coupable, est arrivée de Tlemcen avec un...
» bouquet de roses à son corsage ! »

Ce bouquet de roses a été pour Jeanne Daniloff le coup de grâce.

En femme du monde, Madame Weiss, passant, après sa condamnation aux travaux forcés, devant celui qui l'avait si bien accusée, le salua très respectueusement, et M. le procureur général, surpris, ne put s'empêcher de répondre lui-même, en homme du monde, à ce salut qui rappelait le *Morituri Cesar te salutant,* car, la nuit d'après, Jeanne Daniloff s'empoisonnait avec de la strychnine contenue dans l'ourlet de son mouchoir.

***

M. Flandin avait-il bien vérifié le fait du bouquet de roses ?

Si je pose cette question c'est parce que les journaux qui avaient parlé de ce même bouquet de roses, assuraient également que Madame Weiss comparaîtrait à la Cour d'assises dans des toilettes à sensation, commandées à une des premières faiseuses de Paris.

Or, au lieu de l'accusée..... tapageuse qu'on nous annonçait, nous avons vu une petite femme, charmante à la vérité, de ce charme un peu étrange des Slaves, mais simplement habillée de noir, sourde, répondant à peine aux interrogatoires du président, et étouffant discrètement ses sanglots dans son mouchoir.

J'avoue que pour ma part, et je ne crois pas avoir été le seul, je me suis senti saisi de quelque pitié pour cette petite sauvagesse du Nord, d'une intelligence si remarquable, écrivant des lettres qui sont de véritables chefs-d'œuvre, au dire même de M. le procureur général, et qui pour son malheur avait été élevée, par une grand'mère des plus interlopes, dans un hôtel garni de Nice.

Mais j'entends d'ici les gens austères, les puritains, et surtout ces... puritaines, si sévères pour les fautes des.... autres, s'écrier avec indignation :

« Comment ! vous, un ancien magistrat, vous » osez prendre la défense d'une empoisonneuse ? »

— Et pourquoi pas, mesdames ! Il y a tant de femmes de par le monde qui empoisonnent *l'existence* de leurs maris !

D'ailleurs, ne suis-je pas avocat aujourd'hui, un peu... à mon corps défendant, il est vrai ?

— Avocat d'une mauvaise cause, me dira-t-on.

— Pas si mauvaise que cela, vous l'allez voir.

Empoisonneuse ! empoisonneuse ! le mot est vite dit.

Empoisonneuse d'intention, d'accord ! Mais depuis quand, en matière criminelle, l'intention est-elle réputée pour le fait ?

Je me suis précisément trouvé un jour avec un médecin d'Oran, des plus distingués, qui, venant à me parler le premier de l'affaire Weiss, me fit part de son étonnement que Madame Weiss ait pu être condamnée comme empoisonneuse, alors que scientifiquement, et dès lors en droit pénal, il n'y avait pas eu de sa part tentative d'empoisonnement.

En effet, la substance employée dans l'espèce était la liqueur arsenicale de *Fowler,* c'est-à-dire un médicament dont l'usage est journellement prescrit pour certaines maladies, et, d'après mon savant interlocuteur, la dose d'arsenic administrée par Madame Weiss à son mari était insuffisante pour donner la mort à ce dernier.

A la vérité, l'administration du... remède a provoqué chez M. Weiss des vomissements violents et lui a occasionné une maladie, mais ce cas a été prévu par le législateur, c'est celui de l'article 317, paragraphe 3 du Code pénal, lequel est ainsi conçu :

« Celui qui aura occasionné à autrui une maladie ou » incapacité de travail personnel, en lui administrant » volontairement, de quelque manière que ce soit, des » substances qui sans être de nature à donner la mort sont » nuisibles à la santé, sera puni d'un emprisonnement » d'un mois à cinq ans et d'une amende de seize à cinq » cents francs. »

Nous sommes loin, comme on le voit, de la peine des vingt ans de travaux forcés à laquelle Madame Weiss a été condamnée, et encore serait-il tout à fait juste de dire que la substance dont cette dernière s'est servi a été nuisible à la santé de M. Weiss, puisque cette substance, bien que prise à dose non infinitésimale, a opéré homéopathiquement, en ce sens qu'elle a occasionné à M. Weiss une maladie passagère, mais pour le débarrasser d'une autre maladie d'estomac beaucoup plus sérieuse et dont il souffrait depuis très longtemps !

M. Weiss, rendu ainsi à la santé grâce... aux soins de sa première femme, a pu, après la mort de celle-ci, convoler en secondes noces, cette fois avec une doctoresse ès-sciences, ce qui a même fait dire plaisamment que celle-là ne le manquerait pas.

*
* *

L'opinion scientifique que je viens de rapporter sur le cas de Madame Weiss n'est pas personnelle à l'homme de l'art qui me l'a émise, et je me suis assuré depuis qu'elle était également celle de plusieurs autres médecins.

Une des surprises d'ailleurs de ce procès Weiss, c'est que, dans une affaire d'empoisonnement, l'avocat de Madame Weiss ait tout discuté, hormis..... l'empoisonnement.

Cette lacune n'a pas échappé aux confrères de cet honorable défenseur, qui la lui ont fait remarquer, et celui-ci a reconnu aussitôt son... oubli, mais il était trop tard pour le réparer, la clôture des débats ayant eu lieu, et les jurés étant déjà rentrés dans la salle de leurs délibérations.

Certes, malgré la répudiation solennelle prononcée à l'audience par M. Weiss, on ne demandait pas au défenseur de Jeanne Daniloff d'aller jusqu'à dire au jury comme l'avocat de Mme Lafargue : « Messieurs les jurés, acquittez cette femme et je l'épouse » ! Mais il n'en est pas moins fâcheux pour la cliente qui lui avait confié sa cause, que ce même défenseur ait..... omis de parler de l'empoisonnement dont cette dernière était accusée.

C'est ainsi que l'omission de l'avocat de Madame Weiss d'une part, et, de l'autre..... l'éloquence de M. le procureur général Flandin, amènent à se demander si l'on ne se trouve pas en présence d'une nouvelle erreur judiciaire..... légale, car enfin, dans cette affaire Weiss, il n'y a eu qu'un empoisonnement bien établi et c'est celui de... Madame Weiss elle-même, et que l'on admire en passant les effets de cette justice supérieure à celle des hommes et qui atteint les coupables même sur cette terre.

Quel était, en effet, le but à la fois criminel et moral que se proposait Jeanne Daniloff ?

Elle voulait empoisonner son mari pour se remarier avec Roques, son amant.

Eh ! bien, c'est Jeanne Daniloff qui est... morte empoisonnée, et c'est son... mari qui s'est remarié !

*
* *

Je tenais à consacrer à la mémoire de la russe Jeanne Daniloff, femme Weiss, les lignes rectificatives qu'on vient de lire.

Est-ce à dire pour cela que j'ai voulu entreprendre la réhabilitation de cette *prêtresse de l'amour* et de... l'arsenic ?

Nullement !

Est-ce dire encore que j'approuve la manifestation faite aux obsèques de Jeanne Daniloff par ses adorateurs... posthumes, par des admirateurs d'un dénouement à la Werther, lesquels ont cru devoir suivre, avec des fleurs dans les mains et à leur boutonnière, le convoi de celle que l'on conduisait au champ du repos après une vie si agitée ?

Pas davantage !

Chalchas, le sage Chalchas, s'il avait été là, n'aurait pas manqué de dire, à propos de cette autre belle Hélène, qu'il y avait eu décidément trop de fleurs dans son affaire, sans compter celles du très académique réquisitoire de M. le procureur général Flandin.

Pour moi, je n'ai eu qu'un but, qui était de démontrer à mes contemporains que c'est à tort que l'on a appelé Madame Weiss *l'empoisonneuse* d'Aïn-Fezza.

L'histoire impartiale rétablira les faits un jour ou l'autre, j'en suis convaincu, et à cette femme, coupable assurément, mais infortunée aussi, elle donnera le vrai nom qui lui appartient, celui de : *l'empoisonn...ée* d'Aïn-Fezza.

X

Dialogue entre le Pot de terre et le Pot de fer

On comprendra mon désir de me trouver face à face avec M. Flandin, à Alger, dans les premiers jours d'octobre 1892, après que j'aurai fait connaître que ce haut magistrat passait pour la principale cheville ouvrière de toutes les... tracasseries qui m'avaient été suscitées à l'occasion de ce jugement rendu sous ma présidence, le 24 octobre 1891, et après que j'aurai ajouté que l'on disait publiquement de lui à Oran qu'il avait *promis* mon déplacement à la représentation politique oranaise.

Aux premiers mots que je lui touchais relativement à la présidence d'Oran, M. Flandin m'arrêta, en me disant qu'il pouvait d'autant moins s'agir pour moi de ma nomination à ce poste, que M. le Premier et lui avaient reçu les instructions de la Chancellerie à l'effet de provoquer mon déplacement, que la chose était même à peu près faite, et qu'il croyait pouvoir m'annoncer que j'allais être incessamment nommé juge à Alger.

En présence des protestations indignées avec lesquelles j'accueillis aussitôt cette communication de sa part, M. le procureur général s'empressa d'ajouter qu'en ce qui *le concernait personnellement il était resté complètement étranger à cette mesure.*

Je reproduis ici textuellement le dialogue qui s'établit alors entre M. Flandin et moi, et qui mérite, je crois, d'être conservé comme un document assez curieux pouvant servir à l'histoire de la magistrature en Algérie.

Moi. — Je tiens à vous dire, Monsieur le procureur général, que je suis décidé à n'accepter aucun déplacement et que, si une mesure de ce genre est prise contre moi, mon premier acte sera de me pourvoir au conseil d'État pour faire trancher la question de l'inamovibilité algérienne.

> A cette menace de mon pourvoi, M. le Procureur général eut un sourire dont la signification ne m'échappa point, et je continuai ainsi :

— Ce n'est pas, Monsieur le procureur général, que je me fasse plus d'illusions qu'il ne faut au sujet de ce pourvoi ; mais je croirai de mon devoir, dans ce cas, de l'introduire.

M. Flandin. — Oui, je comprends, dans l'intérêt de la magistrature !

Moi. — Et, si je succombe dans cette instance, je me réserverai de donner ma démission de juge à Alger ; mais je vous en préviens très loyalement,

Monsieur le procureur général, cette démission sera motivée, car je ne puis admettre qu'un magistrat soit inquiété ainsi que je le suis depuis un an, et finalement déplacé à l'occasion d'un jugement qui a déplu.

M. Flandin. — Je regretterai cette détermination de votre part, Monsieur Bariat, car enfin ce serait un avancement pour vous d'être nommé juge à Alger ; je considère en effet que le poste de juge à Alger est supérieur à celui de vice-président à Oran.

Moi. — Permettez-moi de n'être pas de votre avis, Monsieur le procureur général, tout au moins en ce qui me concerne : voilà bientôt dix ans que je suis vice-président à Oran et j'ai déjà, en 1885 et 1886, refusé les présidences de Mascara, Orléansville et Batna, qui m'avaient été successivement offertes par les chefs de la Cour.

M. Flandin. — Cependant, Monsieur Bariat, la résidence d'Alger est très agréable.

Moi. — La résidence d'Alger m'importe peu, Monsieur le procureur général.

M. Flandin. — Voyons ! Monsieur Bariat, accepteriez-vous une présidence de 2e classe, autre qu'Oran.

Moi. — Non, Monsieur le procureur général, je ne veux quitter Oran à aucun prix, et n'ai d'autre désir que celui d'y arriver un jour sur place à la présidence du tribunal.

M. Flandin. — Enfin, Monsieur Bariat, devant

votre refus de venir à Alger, la Chancellerie changera probablement d'impression et vous maintiendra à Oran.

*
* *

M. Flandin est certainement un homme qui se possède, et c'est là ce qui fait sa force.

Mais apparemment il n'était pas habitué à entendre un langage aussi... brusque que celui que je lui avais tenu, car son visage, d'ordinaire si impassible, avait à plusieurs reprises trahi les impressions éprouvées par ce magistrat.

J'avais remarqué en effet, au cours de cet entretien, que le tic nerveux particulier à M. Flandin, et qui consiste chez lui dans un clignotement répété de l'œil gauche, avait atteint son maximum d'intensité et en était arrivé à un véritable affolement de cet organe visuel, ce qui était un signe évident de l'extrême... embarras dans lequel mes déclarations avaient mis M. le procureur général.

De retour à Oran je tins à ajouter un supplément au dialogue rapporté plus haut et j'adressai en conséquence, à M. Flandin, la lettre suivante :

« Oran, le 6 octobre 1892.

» Monsieur le Procureur général et cher collègue,

» Depuis ma rentrée à Oran j'ai réfléchi à ce que vous m'avez dit lors de la visite toute récente que j'ai eu l'honneur de vous faire à Alger, à savoir que vous étiez resté complètement étranger aux démarches faites pour obtenir mon déplacement.

» Je ne vous cacherai pas, Monsieur le Procureur général, que j'avais besoin d'une telle déclaration de votre part, car j'avais entendu dire, au contraire, que vous aviez agi très énergiquement en vue d'amener ce résultat.

» Je suis donc très heureux d'avoir eu de vous cette assurance formelle que vous n'étiez pour rien dans tout ce qui a été fait contre moi, et, dans ces conditions, je vous demande la permission de venir m'expliquer très franchement avec vous, entre collègues.

» Voilà dix-huit ans, Monsieur le Procureur général, que j'appartiens à la magistrature algérienne, et bientôt dix ans que j'occupe le siège de vice-président à Oran.

» L'indépendance avec laquelle j'ai toujours rempli mes fonctions de magistrat m'a valu, en ces derniers temps surtout, l'hostilité de certains hommes politiques habitués à tout voir plier devant eux, et qui ont combattu auprès de la Chancellerie et des chefs de la Cour ma candidature à la présidence du tribunal d'Oran.

» Ce sont ces mêmes hommes qui, craignant que ma nomination à ce poste ne s'impose un jour par la force des choses, ont profité du conflit créé par un incident municipal pour écarter définitivement ce qu'ils considèrent comme un véritable danger pour eux, en me faisant éloigner d'Oran.

» Vous comprendrez, dès lors, Monsieur le Procureur général, que mon simple maintien comme vice-président à Oran, que vous m'avez fait entrevoir comme une solution conciliatrice à laquelle on s'arrêterait, ne saurait me donner une satisfaction suffisante.

» Je crois, en effet, Monsieur le Procureur général, avoir

droit à cette nomination de président à Oran, autant à titre de réparation à la suite de toutes les épreuves que je viens de subir, que comme récompense de mes services passés.

» C'est pourquoi, Monsieur le Procureur général, si cette satisfaction ne m'était pas donnée bientôt, et si je ne devais pas succéder à l'honorable M. Mennesson comme président du tribunal d'Oran, je me lasserais de lutter contre des influences hostiles et j'abandonnerais ma carrière de magistrat, mais en motivant ma démission.

» Quelles que soient d'ailleurs les circonstances dans lesquelles je serais appelé à donner cette démission motivée, je croirais encore, dans ce cas, de mon devoir de faire connaître publiquement toutes les manœuvres employées pour m'empêcher d'arriver à la présidence d'Oran et obtenir mon déplacement.

» Nous sommes en république, c'est-à-dire sous un régime de liberté de la presse où il est permis de dévoiler tous les abus, et je suis sûr, Monsieur le Procureur général, que vous ne pourrez qu'approuver la détermination que je prendrais de soumettre ces faits à l'opinion publique, car vous êtes mieux placé que personne pour savoir à quoi vous en tenir au sujet de l'influence néfaste de certains politiciens sur les choses judiciaires en Algérie.

» Veuillez agréer, etc.

» E. BARIAT. »

XI

Un Magistrat qui a eu le vent « en poupe »

J'ai tenu à prouver à M. Flandin que j'étais jusqu'au bout un homme de parole et je viens aujourd'hui remplir la dernière partie du programme que j'avais tracé à l'ex-procureur général d'Alger.

Il n'a pas dépendu de ma volonté que le succès de la première partie de ce même programme me dispensât de recourir à son exécution complète.

D'aucuns auront pensé sans doute qu'il avait été assez.... naïf à moi d'appeler à trancher la question de l'inamovibilité un corps administratif comme le Conseil d'État qui, par essence, obéit aux... inspirations du gouvernement et dont les membres ne jouissent pas eux-mêmes de cette inamovibilité, garantie d'une justice indépendante.

Mais qu'importe le résultat ? N'ai-je pas accompli mon devoir en soulevant la question et en signalant à l'opinion publique la situation défavorable faite aux juges algériens ?

D'ailleurs n'avons-nous pas été bien près d'atteindre le but ?

Tout le monde se rappelle en effet la note parue, en mai 1893, dans *l'Écho d'Oran*, et par laquelle ce journal annonçait, d'après des renseignements puisés à bonne source, que mon pourvoi avait les plus sérieuses chances d'être admis et qu'ainsi l'inamovibilité algérienne allait être reconnue par le Conseil d'État.

Pourquoi de si belles espérances se sont-elles évanouies en fumée, et comment en un plomb aussi vil pour nous cet or pur s'est-il tout à coup changé ? Je l'ignore.

Allah est grand, et la représentation algérienne est son... prophète !

Je me suis laissé dire que M. Letellier, député d'Alger, qui avait promis d'employer tous ses efforts à faire triompher au Conseil d'État la cause de l'inamovibilité, n'avait plus osé bouger au dernier moment, parce que ses collègues de la représentation algérienne lui avaient reproché de..... se mêler de ce qui ne le regardait pas.

M. Letellier est libre aujourd'hui de toutes chaînes politiques, le sort des urnes ne lui ayant pas été plus qu'à moi favorable.

Il peut donc parler, et, s'il confirmait le renseignement qu'on m'a donné, les honorables magistrats de la Cour d'Alger, qui ont suivi avec tant d'intérêt les phases de mon pourvoi au Conseil d'État, sauraient dorénavant ce qu'il leur faut prendre et surtout laisser des protestations de dévouement à la magistrature des représentants algériens, quand ceux-ci viendront leur affirmer de nouveau qu'ils ont tout fait pour que l'inamovibilité fût accordée à l'Algérie.

Je me rappelle encore que la veille du *Grand Prix,* en juin 1893, je rencontrai sur les boulevards un jeune député algérien, très lancé dans le monde du turf, et qui, en passant, me demanda si j'avais de bons.... *tuyaux* pour mon affaire au Conseil d'État.

Ces... tuyaux, je les eus presque immédiatement d'un autre personnage politique, connu pour avoir le bras très long et qui vint à passer lui-même quelques instants après.

J'abordai... courageusement ce dernier qui, dans le premier moment de sa surprise, me... confia qu'il savait que certains conseillers d'État acceptaient **ma doctrine** (sic), mais que d'autres trouvaient que la loi du 29 janvier 1883, sur laquelle je m'appuyais, n'était pas suffisamment explicite.

J'avoue que je n'augurai rien de bon de ce... tuyau, car, en quittant le personnage politique en question, je me demandais, avec ce méfiant esprit d'analyse qui est en moi, comment celui-ci avait pu si bien connaître l'opinion des conseillers d'État.

Il avait donc.... causé avec eux de mon pourvoi !!!

Mais j'avais tort sans doute de me tourmenter de la sorte, et de chercher si loin la solution de ce problème.

Peut-être, en effet, mon interlocuteur n'avait-il eu ces renseignements que par le.... *Journal Officiel !!!*

Dans tous les cas, ce qu'il y a de bien certain, c'est que M. Laferrière, vice-président du Conseil d'État, le même Laferrière dont le frère vient d'être nommé évêque de Constantine, et qui présidait la section du contentieux le 16 juin, date solennelle pour la magistrature d'Algérie, avait fait une très grosse.... peur à M. Poupardin, directeur du personnel au ministère de la justice, en lui laissant entrevoir que la Chancellerie pouvait avoir le dessous dans ce tournoi judiciaire provoqué par un magistrat algérien.

On voit d'ici.... l'ennui de ce pauvre M. Poupardin qui avait présenté à la signature de l'austère et protestant garde des sceaux Ricard, le décret me déplaçant hypocritement de mes fonctions de vice-président à Oran.

M. Poupardin fut très contrarié de la tournure que semblait prendre cette affaire et il en fut même tellement contrarié qu'il se fit nommer..... conseiller à la Cour de Paris, et c'est un autre fonctionnaire de la Chancellerie, M. Chereau, chef du personnel algérien, qui, sans doute pour échapper aux mêmes ennuis, a pris la place de M. Poupardin comme juge à la Seine.

Ce nom de Poupardin m'a souvent rendu rêveur et, en recherchant son étymologie, je me suis demandé si ce n'était pas là un nom prédestiné qui suffisait à expliquer la fortune rapide de son titulaire comme magistrat.

En effet, ne pourrait-on pas soutenir que Poupardin vient de « *poupe* », M. Poupardin, simple juge de paix à Rouen en 1883, ayant eu en poupe un vent favorable qui l'a très heureusement poussé des rives de la Seine-Inférieure à celles de la Seine supérieure ?

Ne trouve-t-on pas également l'étymologie toute naturelle de Poupardin dans « *poupard* », l'heureux conseiller à la Cour de Paris étant né, à n'en point douter, sous une étoile bienfaisante qui a fait de lui... le poupard bien aimé de la... politique, poupard de belle taille, à la vérité, car l'ex-directeur du personnel ne mesure pas moins de cinq pieds six pouces ?

La haute stature de M. Poupardin a même été de ma part la cause d'une méprise que je ne résiste pas au désir de conter en passant.

Sur mon refus d'aller prêter serment comme juge à Alger, les chefs de la Cour m'avaient mis en demeure de me pourvoir au conseil d'État, ainsi que je leur en avais notifié officiellement l'intention à la suite du décret du 18 octobre 1892.

Devant cette sommation, je sollicitai un congé

de vingt-neuf jours pour introduire et préparer ce pourvoi à Paris.

Mais, après m'avoir fait attendre assez longtemps une réponse, on se décida à m'accorder un congé de... *huit* jours dont la prolongation était subordonnée à cette condition que j'aurais formé mon pourvoi dans ce délai.

C'était un peu court, comme on le voit.

Je n'eus donc que le temps de prendre le premier bateau venu et de me diriger à toute vapeur vers la capitale où, à peine arrivé et au débotté, je me présentai au ministère de la justice.

Le directeur du personnel me reçut assez... brutalement et, sans autre préambule, me demanda si je m'étais pourvu.

Je voulus lui expliquer que je ne faisais que d'arriver et que, d'un autre côté, avant d'en venir à un... procès contre la Chancellerie, je désirais essayer avec elle d'un... accommodement.

Mais M. Poupardin refusa de m'entendre, et, se levant tout à coup, il m'apostropha en ces termes :

« *Il faut vous pourvoir de suite, ou* **je vous étrangle !** »

Je voyais déjà le directeur du personnel joindre le geste à la parole, et étendre vers moi ses grands bras dont la longueur démesurée me rappelait à ce moment celle du bras de la justice elle-même.

Je reculai instinctivement, mais, sans perdre

ma présence d'esprit, j'envoyai à M. le directeur du personnel cette riposte du tac au tac :

« Permettez-moi de vous répondre très amia-
» blement, Monsieur le Directeur, que, si vous
» m'étranglez, je ne m'en porterai pas plus mal
» pour cela après. »

M. Poupardin comprit alors qu'il s'était servi d'une expression... extrajudiciaire et il s'excusa en m'expliquant qu'il avait voulu dire par là qu'il ne me donnerait pas un jour de congé de plus si je ne formais pas mon pourvoi dans le délai qui m'avait été imparti.

On conviendra que j'avais besoin de cette explication pour être tout à fait rassuré sur les intentions du gigantesque directeur du personnel.

Depuis ce jour, M. Poupardin se radoucit considérablement à mon égard, et, par un effet d'optique... morale, moi qui m'étais senti si petit, si faible, si pot de terre, lors de ma première entrevue avec le Grand Pot de fer de la direction du personnel, je me voyais grandir et dépasser même de plusieurs coudées celui dont la taille m'avait paru d'abord aussi... imposante.

Un jour, M. Poupardin me faisait appeler pour me dire qu'il venait de voir M. Laferrière et que celui-ci lui avait assuré que, contrairement à ce que l'on croyait à la Chancellerie, mon pourvoi n'était pas suspensif.

Le directeur du personnel ajoutait que je devais, dès lors, exécuter le décret et prendre possession de mon nouveau poste, mais qu'il n'exigerait pas de moi que je me rendisse à Alger; que je pourrai prêter serment par écrit et qu'il m'autoriserait à rester à Paris pour y suivre mon instance au Conseil d'État.

M. Poupardin insistait très vivement pour cette solution, dans mon intérêt, me disait-il, et afin de m'éviter une interruption de traitement, car, à partir de la prestation de serment de mon successeur, je ne devais plus toucher comme vice-président à Oran. Il m'appelait « *mon cher collègue* », m'adjurant de ne pas m'entêter, et m'assurant de toute sa bienveillance.

Ayant naturellement bon cœur, j'étais tout disposé à céder aux... supplications de M. Poupardin et à faire ce que celui-ci me demandait comme un service personnel, mais j'avais tenu auparavant à aller voir M. Laferrière.

N'ayant pas trouvé ce dernier au Conseil d'État, je m'étais présenté à son domicile particulier, rue Saint-Lazare, où l'on m'avait répondu que M. Laferrière regrettait beaucoup de ne pas pouvoir me recevoir, mais qu'il était en train de s'habiller pour aller dîner en ville.

Peut-être M. le président du Conseil d'État allait-il ce soir-là dîner chez *son ami* Youssef Reinach en compagnie du général marquis de Gallifet.

Plus heureux le lendemain, j'avais vu M. Laferrière au Conseil d'État et celui-ci m'avait confirmé ce que m'avait dit M. Poupardin au sujet du caractère non suspensif de mon pourvoi.

Il avait même ajouté que, provision étant due au titre si je n'exécutais pas le décret, j'aurais l'air de me mettre en *insurrection contre le gouvernement.*

Me rappelant que nous nous trouvions dans le voisinage du « *Palais royal* », j'avais, à cet instant, levé vers M. Laferrière un regard timide pour voir si ce dernier ne..... plaisantait pas.

Mais M. le vice-président du Conseil d'État avait gardé tout son sérieux.

J'étais alors rentré très inquiet à mon hôtel, m'imaginant, à chaque pas, être suivi par le..... gouvernement.

Depuis ce jour, mes nuits étaient troublées et je ne vivais plus tranquille.

Tombé à Paris en pleine crise du Panama, j'en étais arrivé à me représenter les choses si vivement, que je commençais à craindre qu'en me voyant rôder dans les rues de la capitale avec cet air sombre de conspirateur dont ma visite au Conseil d'État avait laissé l'empreinte sur mon front, on ne finît par me prendre pour l'ombre de..... Boulanger, échappée du cimetière d'Ixelles.

Enfin, je n'y tins plus et je m'en allai frapper à la porte de mon avocat, Me Sabatier.

Ce dernier me rendit heureusement la paix que j'avais perdue.

Il me déclara, en effet, que je pouvais exécuter le décret sans constituer contre moi, *en droit*, un préjugé, mais que j'étais libre également de rester dans le *statu quo*, et qu'il valait mieux m'en tenir à ce dernier parti afin de conserver le bénéfice de cette situation de fait.

*
* *

M. Poupardin m'avait mandé une autre fois à la Chancellerie, vers la fin de décembre, pour me confier ses perplexités.

Il avait revu M. Laferrière qui lui avait dit que, si le Conseil d'État admettait mon pourvoi, on allait se trouver au Ministère dans un cas assez embarrassant par suite de la coexistence à Oran de deux vice-présidents, l'un et l'autre inamovibles.

J'avais proposé à M. le directeur du personnel un moyen bien simple de le tirer d'embarras qui était, que le ministre me maintînt lui-même à Oran, sur ma demande, en rapportant le décret qui m'avait déplacé, et en nommant mon successeur, à ma place, à Alger, combinaison qui eût même présenté pour celui-ci l'avantage d'obtenir un double avancement coup sur coup, puisque, d'après M. Flandin, le poste de juge à Alger était supérieur à celui de vice-président à Oran.

Mais M. Poupardin avait consulté là-dessus son fidèle Achate, M. Chereau, lequel était toujours en tiers dans nos causeries avec le directeur du personnel, et M. Chereau avait prononcé sèchement que ma solution n'était pas acceptable, parce que, dans ce cas, la Chancellerie aurait l'air de reculer devant mon pourvoi.

M. Poupardin était alors revenu à la charge, insistant de nouveau auprès de moi pour que je consentisse à me laisser installer dans mes fonctions de juge à Alger.

Mais, maintenant, que je savais par mon avocat que je n'étais pas un *insurgé,* j'avais opposé à cette nouvelle tentative de M. Poupardin un *non possumus* catégorique et définitif.

C'est à cette occasion que s'engagea entre M. Poupardin et moi le très court, mais très instructif dialogue que voici, qui va permettre d'apprécier la... valeur des déclarations de M. le procureur général Flandin, quand trois mois auparavant ce haut magistrat m'affirmait à Alger que ses mains étaient restées pures de mon... déplacement.

Moi. — Vous m'avez témoigné, Monsieur le Directeur, une telle bienveillance, m'appelant « votre cher collègue » et vous préoccupant de mon sort... matériel comme magistrat, que j'espère que vous voudrez bien m'accorder aujourd'hui l'explication que vous m'avez refusée le premier jour.

M. Poupardin. — Quelle explication ?

Moi. — Je désirerais savoir, si toutefois vous ne trouvez pas ma question trop indiscrète, pourquoi vous m'avez déplacé.

M. Poupardin. — Voyons ! vous le savez bien.

Moi. — Je m'en doute un peu ; mais je serais heureux de connaître officiellement par vous les raisons qui ont dicté cette mesure.

M. Poupardin. — Eh bien ! vous êtes très discuté à Oran.

Moi. — Discuté ! et par qui ? Vous voulez dire peut-être par le citoyen Bézy ?

M. Poupardin. — Vous passez pour un magistrat ardent et passionné.

Moi. — Magistrat ardent et passionné ! Ce sont là les expressions mêmes d'un article du *Petit Fanal* du 31 décembre 1891, que je vous mettrai sous les yeux, si vous le désirez.

M. Poupardin. — Enfin, que voulez-vous que je vous dise ? Ce sont les chefs de la Cour, c'est M. le *premier président,* c'est M. le... *procureur général* lui-même, qui m'ont, dans leurs rapports, signalé le danger de votre maintien comme vice-président à Oran et qui ont ainsi provoqué de ma part la mesure de votre déplacement.

Moi. — !!!!!!!!!!!!

XII

Un déplacement qui s'impose

Devant la révélation stupéfiante du directeur du personnel, mes yeux ont commencé à s'ouvrir à la lumière.

J'ai compris alors pourquoi M. le premier président Zeys m'avait, avec tant de... fermeté, refusé le congé que j'avais sollicité de lui en vue d'aller éclairer la Chancellerie sur la véritable situation judiciaire de l'arrondissement d'Oran et d'épargner ainsi au garde des sceaux et de..... l'indépendance de la magistrature un acte dont les suites ont causé un tel souci à ce bon M. Poupardin.

Je me suis expliqué encore bien d'autres choses dans la conduite de M. Zeys à mon égard.

De tout cela, cependant, je n'ai pas gardé rancune à ce dernier et je lui pardonne tout ce qu'il a fait contre moi.

M. le premier président de la Cour d'Alger est en effet un.... père de famille, et, bien loin de chercher à me venger de lui, je désirais au contraire, en bon chrétien, lui rendre le bien pour le mal en lui donnant..... l'inamovibilité.

J'ai malheureusement échoué dans cette tentative généreuse et j'en exprime tous mes regrets à M. Zeys.

Mais, puisque je n'ai pu obtenir pour M. Zeys l'inamovibilité à Alger, je voudrais bien, dans son intérêt même, la lui faire avoir... ailleurs.

Je n'ignore pas que M. Zeys est très attaché à l'Algérie et qu'il a lui aussi l'horreur des déplacements, fût-ce avec avancement ; mais que M. le Premier m'en croie, le climat du littoral algérien finit par devenir anémiant et il est bon d'aller se retremper à l'air plus vif et plus énergique de la métropole.

A Dieu ne plaise que je veuille insinuer par là que la température humide d'Alger aurait influé sur le... caractère de M. Zeys et que ce dernier, chef d'un ressort des plus importants, manquerait lui-même du... ressort nécessaire pour diriger celui dont l'administration lui a été confiée.

J'ai trop le respect des hautes fonctions de M. le premier président de la cour d'Alger pour me permettre une telle insinuation.

M. Zeys me laissera bien toutefois lui dire, sans manquer pour cela aux égards dont je suis tenu envers lui, qu'il est affligé d'une modestie qui le porte à s'effacer beaucoup trop devant d'autres qui, sans avoir son expérience et ses services, doivent encore passer après lui dans l'ordre de la hiérarchie judiciaire.

Il s'est laissé par trop reléguer au second plan par ce jeune procureur général, qui exerçait sur lui une action fascinatrice et n'aspirait manifestement qu'à un but, celui d'amoindrir tellement la personnalité de *Monsieur le Premier,* que l'on finit par l'appeler : *Monsieur le petit dernier* de la Cour d'Alger.

M. Zeys a un autre défaut que son excessive modestie : il est trop expansif dans sa corresdance privée avec certaines personnes.

Il est vrai que, plus heureux que moi, il n'a pas eu le désagrément de voir reproduire ses lettres par la photographie.

Je connais de lui cependant une lettre qui mériterait d'être photographiée et même encadrée, c'est celle qu'il adressait il y a quelques années à un ex-agent d'affaires, bien connu dans la province d'Oran.

M. Zeys était alors candidat à la première présidence, concurremment avec un des magistrats les plus distingués de la Cour d'Alger, M. Puech, président de chambre, actuellement avocat général à la Cour de Paris, et il écrivait à l'ex-agent d'affaires, dans ces termes pleins d'abandon :

« Mon cher ami,

» J'apprends que Puech se trouve en ce moment à Paris où il est en train de me... **bêcher !!!** »

Si j'ai parlé de cette lettre intime de M. Zeys, c'est parce qu'elle est pour ainsi dire tombée dans le domaine public, son heureux possesseur s'en étant servi pour établir ses relations... cordiales avec le premier président de la Cour d'Alger et l'ayant montrée à tous ceux qui ont bien voulu la lire, notamment à des magistrats du tribunal de***, desquels je tiens le fait.

J'avais à cœur de donner cette explication, afin que l'on sache bien que je n'ai absolument rien de commun avec ceux qui *violent le secret de la correspondance privée.*

Enfin M. Zeys me paraît professer en matière de prêts d'argent des idées extra... légales.

Appelé, en effet, à déposer devant la Commission sénatoriale algérienne et interpellé par son président, M. Jules Ferry, sur la question de l'usure en Algérie, M. Zeys a déclaré, ainsi que le porte le procès-verbal de la séance du 20 juin 1891, que j'ai sous les yeux : « qu'il était, quant à » lui, partisan de la théorie en vertu de laquelle » l'argent est une denrée comme une autre dont » le prix s'augmente par la rareté. »

Ainsi, voilà un pays où non seulement les indigènes, mais les colons eux-mêmes, sont victimes du fléau de l'usure, cette huitième plaie d'Égypte que Moïse ne mentionne pas, sans doute parce qu'elle résultait du seul fait de la présence des Hébreux sur la terre des Pharaons, et, comme remède à une telle situation, M. le premier président de la Cour d'Alger nous offre cette théorie qui fait de l'argent une marchandise comme une autre.

Nous connaissions depuis longtemps la théorie dont M. Zeys se déclare un partisan convaincu, mais j'avoue que je ne savais pas à ce dernier un esprit assez... audacieux pour embrasser une opinion économique aussi... radicale.

Cette doctrine sur l'argent a tout le parfum d'une conception juive, et je ne serais pas étonné d'apprendre que son auteur avait dans les veines un peu de sang... sémite.

Pour ma part j'avais toujours pensé que, si l'argent était une marchandise, c'était en tant que métal mais non pas en tant que numéraire, c'est-à-dire comme signe d'échange ou représentation de la valeur des objets de commerce.

Vouloir mettre dans le commerce le numéraire lui-même, ainsi que le fait M. le premier président Zeys, c'est peut-être, dans un siècle vénal comme le nôtre et où l'on est déjà assez disposé à trafiquer de tout, ouvrir la porte à d'autres théories encore plus..... avancées.

N'est-il pas à craindre, en effet, qu'avec une pareille largeur de vues, on n'en arrive à trouver que l'économiste... Schylok, de Venise, avait raison, lui qui soutenait que le corps humain était également une marchandise et en avait découpé la livre de chair achetée par lui ?

Mais ce qu'il y a de plus grave, et j'en frémis

pour le prestige de cette magistrature à laquelle je m'honore d'avoir appartenu, c'est que, dans le même ordre d'idées, les économistes du dernier... bateau sont capables d'aller jusqu'à prétendre que la conscience elle-même d'un magistrat serait une... *denrée* qui se vendrait quelquefois pour un peu... d'avancement !!!

Mais je m'arrête sur cette pente glissante... Je n'en ai que trop dit pour que M. Zeys ne comprenne pas à quelles conséquences dangereuses peut conduire sa théorie sur l'argent.

Comment d'ailleurs M. Zeys est-il parvenu à combiner cette théorie avec son respect de la législation établie contre l'usure, et notamment de l'article 2 de la loi du 19 décembre 1850, lequel punit le délit d'habitude d'usure d'une amende pouvant s'élever à la moitié des sommes prêtées de cette façon et d'un emprisonnement de six jours à six mois ?

M. Zeys a dû certainement, durant son long séjour en Algérie, perdre quelque peu de vue cet article 2, et je crois utile pour lui qu'il aille en relire et méditer le contexte, à l'abri des influences du milieu algérien.

Les membres de la Commission sénatoriale algérienne, à qui j'adresse un exemplaire de cette brochure, afin de leur *signaler le danger du maintien* de M. le premier président Zeys à la tête de la Cour d'Alger, estimeront sans aucun doute que le *hic non erat locus* applicable à la théorie de de M. Zeys l'est également à la personne de ce dernier, et que le déplacement de ce haut magistrat s'impose.

Étant de ceux qui ne souhaitent jamais la mort du pécheur, mais seulement sa conversion, je demande en conséquence que l'on permette à M. Zeys de se convertir à des idées économiques moins... algériennes et plus légales, en l'envoyant au plus tôt siéger parmi les magistrats de cette Cour de cassation gardienne de la loi et des vrais principes en matière d'économie politique.

C'est là, la seule disgrâce que je sollicite pour mon ancien chef, M. le premier président actuel de la Cour d'Alger.

XIII

Un météore judiciaire et politique

S'il est permis de ne pas se montrer trop sévère pour un père de famille comme M. le premier président Zeys et de ne conclure qu'à sa déportation.... à la Cour suprême, que penser en revanche de M. Flandin qui, lui, avait tout ce qu'il fallait pour être indépendant, et la fortune, et les appuis que lui avait valus sa situation de gendre d'un sénateur républicain de l'Yonne ?

On avait beaucoup compté en Algérie sur ce jeune procureur général, qui nous était arrivé précédé d'une réputation d'indépendance et de fermeté de caractère que la presse avait célébrée à l'envi.

Mais M. Flandin a... déçu tous ceux qui avaient placé leurs espérances en lui et qui attendaient de ce magistrat des actes d'énergie en rapport avec le tempérament que chacun se plaisait à lui reconnaître.

Au lieu de déployer cette énergie et ce tempérament contre la bande... politique que la haute magistrature dont il était investi lui faisait un devoir de combattre, M. Flandin n'a donné des preuves de sa virilité qu'au détriment des magistrats chargés par la loi de veiller à la sécurité du pays et de protéger les honnêtes gens contre les.... autres.

On avait cru que le nouveau procureur général avait été envoyé en Algérie pour accomplir une œuvre de salubrité publique.

Mais à peine débarqué à Alger, après une traversée cependant des plus rapides, M. Flandin ne pensait déjà qu'à quitter cette *résidence si agréable* pour s'élancer vers des destinées supérieures, aspirant comme l'aigle à monter de plus en plus dans les sphères infinies de l'empyrée judiciaire.

Candidat au poste de procureur général à Bordeaux où il était demandé par M. le premier président Delcurrou, ami de sa famille, M. Flandin, dans son impatience de voir que ce poste ne devenait pas assez vite vacant au gré de ses désirs, s'était rabattu sur..... Paris.

Il lui avait paru en effet que les services... politiques qu'il avait rendus depuis son court séjour à Alger, le désignaient pour recueillir la succession de M. le procureur général Quesnay de Beaurepaire.

La place de ce dernier étant échue à un magistrat plus ancien que lui, M. Flandin a été pris alors de la nostalgie de ses hautes fonctions, et ce jeune homme, qui avait presque épuisé en si peu d'années la coupe des grandeurs judiciaires, victime à son tour de ce désenchantement qui s'empare de tous ceux qui ont été comblés de bonne heure par la fortune, a renoncé tout d'un coup à la magistrature, à ses pompes et à ses... œuvres.

Emporté subitement par le flot politique qui l'avait déposé un jour sur le rivage algérien, il est allé se perdre dans la mêlée électorale du 20 août 1893 ; mais, plus heureux que moi, il est sorti victorieux de cette lutte, et voilà comme la vertu est toujours récompensée et le vice puni.

La nouvelle étoile politique de l'élu d'Avallon promet d'être aussi brillante que son étoile filante judiciaire, et il nous sera donné peut-être de voir M. Flandin s'asseoir à son tour sur le fauteuil illustré par d'Aguesseau et devenir ministre de la justice sous la troisième République, mais, ce jour-là, gare à la justice ! elle n'a qu'à se bien tenir.

La fortune de M. Flandin ira de la sorte en grandissant jusqu'à ce que ce météore judiciaire, devenu un autre météore politique, s'en aille faire le plongeon dans l'Yonne.

Si par hasard je me promenais alors dans ces parages, m'y livrant moi-même à l'exercice de la pêche à la ligne, afin de calmer un peu ce caractère *ardent et passionné* que le citoyen Bézy me reproche, plus généreux que M. Flandin, je tendrai à ce dernier une... gaule secourable, mais à une condition, c'est qu'il me promette de renoncer pour toujours à la magistrature et à la politique, et de borner son ambition à... l'Académie, où sa place me paraît toute marquée par le don que l'ex-procureur général a reçu du ciel de pouvoir éloquemment déguiser sa pensée sous des... fleurs.

CONCLUSION

Et maintenant que j'ai dit leur fait à MM. Zeys et Flandin, il me reste un devoir à accomplir, pour être tout à fait juste et impartial envers ces derniers, c'est de reconnaître, en terminant, que les chefs de la Cour d'Alger n'ont été que des instruments entre les mains de ceux qui, restant prudemment dans la coulisse, ont eu l'habileté de les mettre en avant et de se dissimuler derrière eux.

Mais, malgré leurs précautions, les vrais auteurs de tous les... ennuis qui m'ont été infligés n'échapperont pas au châtiment qui leur est dû.

Ils sont aujourd'hui triomphants et à l'apogée de leur puissance.

Mais j'ai foi dans cette justice immanente dont parlait Gambetta et que, quant à moi, moins grand clerc et moins grand philosophe que l'inventeur de la formule « *le cléricalisme, voilà l'ennemi* », j'appelle simplement la justice divine.

Certes, je fus un grand coupable, je le reconnais : dans une heure d'égarement, j'ai voté pour le citoyen Bézy ; mais, si j'ai fait cela, on ne saurait du moins me reprocher d'avoir dressé des petits

chiens à aboyer après la soutane des ministres de Dieu.

J'espère donc que le Seigneur sera miséricordieux pour moi, et, qu'après m'avoir pardonné, il me donnera par dessus le marché, avant ma mort, la satisfaction de me faire assister à la chute de mes ennemis.

Ce jour-là, au cantique d'action de grâces de Siméon, j'ajouterai ce nouveau verset :

« Allah, Allah est grand, mais la représenta-
» tion algérienne n'est plus son..... propriété!!! »

FIN

www.ingramcontent.com/pod-product-compliance
Lightning Source LLC
La Vergne TN
LVHW020354230826
846091LV00003B/1102

* 9 7 8 2 0 1 3 4 2 0 6 7 9 *